KÖNIGS ERLÄUTERUNGEN

Band 490

Textanalyse und Interpretation zu

Daniel Kehlmann

DIE VERMESSUNG DER WELT

Arnd Nadolny

Alle erforderlichen Infos für Abitur, Matura, Klausur und Referat plus Musteraufgaben mit Lösungsansätzen

Bange Verlag

Zitierte Ausgabe:
Kehlmann, Daniel: *Die Vermessung der Welt. Roman.* Hamburg: Rowohlt Taschenbuch Verlag, 21. Auflage September 2011

Über den Autor dieser Erläuterung:
Arnd Nadolny ist 1961 in Braunschweig geboren. Er ist verheiratet, hat einen volljährigen Sohn und ist seit einigen Jahren als Schulbuchautor für verschiedene Verlage tätig.
Er ist Lehrer (Studienrat) an den Berufsbildenden Schulen in Burgdorf bei Hannover und unterrichtet die Fächer Englisch und Wirtschaft.

Die Rechtschreibung wurde der amtlichen Neuregelung angepasst.

1. Auflage 2012
ISBN: 978-3-8044-2005-2
PDF: 978-3-8044-5005-9, EPUB: 978-3-8044-6005-8

Titelbild: Carl F. Gauß am Nadeltelegraphen von 1833 © akg-images
Druck und Weiterverarbeitung: Tiskárna Akcent, Vimperk

1. DAS WICHTIGSTE AUF EINEN BLICK – SCHNELLÜBERSICHT

Damit sich jeder Leser in unserem Band rasch zurechtfindet und das für ihn Interessanteste gleich entdeckt, hier eine Übersicht.

Im 2. Kapitel beschreiben wir **Daniel Kehlmanns Leben** und stellen den **zeitgeschichtlichen Hintergrund** dar.

➪ S. 10 f.

→ Daniel Kehlmann wurde am 13. Januar 1975 in München geboren und wuchs in Österreich auf. Er entstammt einer künstlerischen Familie und besitzt sowohl die deutsche als auch die österreichische Staatsbürgerschaft. Sein Vater war Fernseh- und Theaterregisseur und verstarb im Jahr 2005, in dem auch der Roman *Die Vermessung der Welt* erschien. Seine Mutter ist Schauspielerin und Malerin.

➪ S. 12 ff.

→ In seinem Roman widmet sich Kehlmann dem zeitgeschichtlichen Forscherdrang und -geist seiner Protagonisten Gauß und Humboldt und thematisiert auch die politisch-gesellschaftlichen Strukturen ihrer Zeit.

→ *Die Vermessung der Welt* ist 2005 erschienen, allein auf Deutsch wurden über 1,4 Millionen Exemplare verkauft. Kehlmann wurde für den Roman mit dem WELT-Literaturpreis 2007 ausgezeichnet, weil das Buch „ein genialer Experimentalroman über Größe und Komik deutscher Kultur“[1] sei.

Im 3. Kapitel bieten wir eine **Textanalyse und -interpretation**.

---

1 http://www.welt.de/kultur/arrticlw1236923/WELT_literaturpreis_geht_an_Daniel_Kehlmann.html [Stand: 12. 6. 2012].

Die Vermessung der Welt – Entstehung und Quellen:

Die Idee zu seinem Roman hatte Kehlmann, als er erfuhr, dass sich Gauß und Humboldt bei einem Forscherkongress 1828 in Berlin nicht nur begegnet waren, sondern dort sogar zusammen wohnten. Beide waren auf ihren Gebieten Genies in der Zeit um 1800. Dennoch waren sie als Forscher und Menschen so grundverschieden, dass sie Kehlmann gerade deshalb als geeignete Vorlagen dienen konnten. So entstand ein zeitloser Roman, der zwar auf den ersten Blick den Lebensstationen beider Wissenschaftler folgt, tatsächlich aber keine zuverlässige historische Doppelbiografie liefert, sondern ein raffiniertes literarisches Spiel mit Realität und Fiktion. ⇨ S. 24 f.

Inhalt:

Der Mathematiker und Astronom Gauß reist 1828 nur widerwillig mit seinem Sohn Eugen zum Deutschen Naturforscherkongress nach Berlin. Eingeladen hat ihn Alexander von Humboldt, bei dem er auch übernachtet. Bevor die beiden jedoch in Berlin eintreffen, werden die Lebensgeschichten beider Persönlichkeiten erzählt. Beide Genies verkörpern sehr unterschiedliche Forschertypen. Gauß, der sich der Mathematik und astronomischen Berechnungen verschrieben hat, zeigt eine ausgeprägte Affinität zu seinem häuslichen Umfeld und verdient sich nur aus Not als Landvermesser Geld. Alexander von Humboldt hingegen zieht es hinaus in die weite Welt. Auf seiner sechsjährigen Reise durch Süd- und Mittelamerika widmet er sich der Erforschung der Natur; dabei wird er von dem französischen Botaniker Aimé Bonpland begleitet. Auf seinen Expeditionen besteigt er Berge und Vulkane, trifft auf Urwaldstämme und findet eine Verbindung zwischen den Strömen des Orinoko und dem Amazonas. Nach Gauß' Ankunft 1828 in Berlin schließt sich sein Sohn Eugen freiheitlich gesinnten Berliner Studenten an, wird aber beim ⇨ S. 26 ff.

Besuch einer verbotenen Versammlung festgenommen. Beide Wissenschaftler versuchen ihn freizubekommen, und auf Humboldts Wirken hin wird Eugen 1830 „nur" nach Amerika verbannt.

Chronologie und Schauplätze:

⇨ S. 40 ff.

Der Roman spielt zwischen ca. 1775 bis 1830, die Lebensgeschichten der beiden Protagonisten werden von Kap. 2 bis 10 abwechselnd erzählt. Schauplätze sind bei Gauß v. a. die Städte Braunschweig und Göttingen, kurzeitig die Lüneburger Heide sowie sein Aufenthalt in Berlin 1828. Bei Alexander von Humboldt sind die Schauplätze Berlin, Göttingen, Paris und Spanien, dann v. a. Süd- und Mittelamerika mit der Endstation Washington (USA). Nach dem Kongress 1828 bereist Humboldt schließlich noch Russland bis zur chinesischen Grenze.

Personen:

⇨ S. 44 ff.

Die Hauptpersonen sind

Carl Friedrich Gauß:

→ Einzelkind aus armen Verhältnissen,
→ zeitlebens mit einer starken Affinität zu seiner Mutter,
→ zweimal verheiratet (Johanna und Minna),
→ verkehrt mit Prostituierten (v. a. Nina),
→ genialer Mathematiker und Astronom,
→ leicht wehleidig, leidet unter dem „Älterwerden".

Alexander von Humboldt:

→ ist „glücklich" über den Tod seiner Mutter (Erbschaft),
→ Rivalität zu seinem älteren Bruder Wilhelm,
→ Junggeselle mit unterdrückten homosexuellen Neigungen,
→ leidenschaftlicher Naturforscher, kaltblütig und leidensfähig.

Wir stellen diese Hauptpersonen ausführlich vor und geben auch Erläuterungen zu anderen Personen.

Der Stil und die Sprache Daniel Kehlmanns:

Kehlmanns Roman inszeniert sich als ernsthaftes Geschichtswerk, ist aber das Gegenteil davon.[2] Er kann als gebrochen realistischer Roman bezeichnet werden. Zu seinen Merkmalen gehören: ⇨ S. 76 ff.

→ einen humoristisch komischer Erzählton,
→ Situationskomik,
→ Kontrastierung.

Kehlmanns Sprache ist gekennzeichnet durch einen einfachen Satzbau (aneinandergereihte Hauptsätze mit eher protokollarischem Charakter). Dialoge sind meist als indirekte Rede wiedergegeben.

Interpretationsansätze:

Auf folgende Deutungsansätze gehen wir näher ein: ⇨ S. 81 ff.

→ Alter und Tod im Roman,
→ (Aber-)Glaube und Wissenschaft in der Goethezeit.

---

2 Vgl. Kehlmann, *Diese sehr ernsten Scherze*, S. 22.

2. DANIEL KEHLMANN: LEBEN UND WERK

2.1 Biografie

Daniel Kehlmann (geb. 1975) © ullstein bild – Kielmann

JAHR	ORT	EREIGNIS	ALTER
1975	München	Geburt am 13. 1. als Sohn des Fernseh- und Theaterregisseurs und Schauspielers Michael Kehlmann und der Schauspielerin und Malerin Dagmar Mettler	
1981	Wien	Umzug der Familie nach Wien Besuch des Kollegiums Kalksburg, einer Jesuitenschule	6
1993		Schulabschluss und Beginn des Studiums der Philosophie und Germanistik an der Universität Wien	18
1997		Erscheinen seines Romandebüts *Beerholms Vorstellung*, für den er 1998 den Förderpreis des Kulturkreises beim Bundesverband der Deutschen Industrie erhält.	22
2000		Stipendium des Literarischen Colloquiums in Berlin	25
ab 2001		Veröffentlichung weiterer Erzählungen, Romane, Novellen und Essays Poetikdozent an verschiedenen Universitäten (u. a. in Mainz, 2001; Wiesbaden, 2005/06; Göttingen, 2006)	26
2003		Förderpreis des Österreichischen Bundeskanzleramtes	28
2005		**Erscheinen des Romans *Die Vermessung der Welt***, sein bisher erfolgreichstes Werk, für das er 2005 den Candide-Preis des Literarischen Vereins Minden erhält.	30
2006		Verleihung des Preises der Konrad-Adenauer-Stiftung und des Kleist-Preises	31

JAHR	ORT	EREIGNIS	ALTER
2007		Verleihung des WELT-Literaturpreises für *Die Vermessung der Welt*	32
2008		Verleihung des Thomas-Mann-Preises	33
2009		Erscheinen seines Romans *Ruhm*. Kehlmanns Eröffnungsrede bei den Salzburger Festspielen des deutschen Regietheaters, ein Kritik am Regietheater, löst Diskussionen aus.	34
2011		Uraufführung des Stückes *Geister in Princeton* im Schauspielhaus Graz	36

2.2 Zeitgeschichtlicher Hintergrund

ZUSAMMENFASSUNG

→ Der Roman spielt vor dem Hintergrund von Aufklärung und Weimarer Klassik, aber auch der Kriege Napoleons sowie der Restauration.
→ Die Zeit ist geprägt von den Leitideen der Harmonie und Humanität und der Vernunft als Richtschnur von Denken und Handeln.
→ Kritik an Gesellschaftsordnung und religiösem Einfluss
→ Kehlmanns Roman folgt zwar weitgehend den historischen Lebensstationen seiner Protagonisten, erfindet jedoch auch frei und ist als ein literarisches Spiel mit Realität und Fiktion anzusehen.

Aufklärung und Weimarer Klassik

Kehlmanns Roman *Die Vermessung der Welt* spielt vor dem Hintergrund der Weimarer Klassik und der späten Aufklärung nach der amerikanischen Unabhängigkeitserklärung (1776) und der Französischen Revolution (1789), aber auch vor dem Hintergrund der napoleonischen Kriege nach 1800 und der anschließenden Restauration. Mit der Aufklärung als Zeitenwende kam es verstärkt zur Herausbildung eines selbstbewussten und ökonomisch starken Bürgertums, das zu sozialem Ansehen kam und sich mehr und mehr gegenüber dem als korrupt empfundenen Adel zu behaupten suchte. Die Vorherrschaft des Adels wurde nicht länger als unumstößlich angesehen. In der auf das Zeitalter der Aufklärung folgenden Weimarer Klassik gab man sich nicht mehr mit überlieferten Erklärungen früherer Schriftsteller zufrieden, sondern versuchte durch eigene Naturbeobachtung und Experimente zu wissenschaft-

Aufklärung

Weimarer Klassik

licher Erkenntnis zu gelangen. Der Mut, sich seines eigenen Verstandes zu bedienen **(sapere aude!)** und sich der Bevormundung durch Obrigkeit und Religion zu entziehen, sollte den Weg aus der Unmündigkeit ebnen. Der bekannteste Vertreter der Aufklärung in Deutschland ist der Philosoph Immanuel Kant (1724–1804). Der Einzelne fühlte sich nicht mehr „fremdbestimmt“, sondern sah jetzt für sich die Möglichkeit, kraft seines eigenen Verstandes selbstbestimmt zu handeln. Ein altes, von religiösen Vorstellungen geprägtes Weltbild wurde durch ein naturwissenschaftlich bestimmtes Weltbild abgelöst. Glück ließ sich nun auch im Diesseits erfahren, zum Beispiel durch ein vernunftgesteuertes Leben und den Glauben an Fortschritt.

Immanuel Kant

Wichtige politische Ereignisse nach 1800

1804	Napoleon krönt sich zum Kaiser von Frankreich.
1805	Sieg Napoleons über Österreich bei der Schlacht von Austerlitz, in der Folge Ende des Heiligen Römischen Reiches deutscher Nation.
1806	Gründung des Rheinbunds, zahlreiche deutsche Staaten verpflichten sich, Napoleon militärisch zu unterstützen. Krieg Napoleons gegen Preußen, das bei der Schlacht von Jena und Auerstedt (Oktober) vernichtend geschlagen wird, Besetzung Preußens.
1807	Frieden von Tilsit zwischen Frankreich, Preußen, Russland, Napoleon ist auf dem Höhepunkt seiner Macht.
1810	F. L. Jahn gründet einen „Geheimen deutschen Bund“ zur Befreiung Deutschlands, regelmäßiges Turnen soll das Volk wehrtauglich machen.
1812	Russlandfeldzug Napoleons, endet für Frankreich in einem Desaster.
1813	Kriegserklärung des preußischen Königs Friedrich Wilhelm III. an Frankreich, im Oktober Völkerschlacht bei Leipzig (Niederlage Napoleons, Rückzug nach Frankreich, Auflösung des Rheinbundes und damit der französischen Herrschaft über Deutschland).

1814	Abdankung Napoleons, Verbannung auf die Insel Elba
1815	Wiener Kongress mit dem Ziel der Wiederherstellung der alten Gesellschaftsordnung (Restauration). Napoleons Versuch, an die Macht zurückzukehren, scheitert, Verbannung auf die Insel St. Helena. In den deutschen Staaten und in Österreich werden liberale und nationalrevolutionäre Bewegungen unterdrückt. An den Universitäten entstehen Burschenschaften, die nationale Ideale verfolgen und einen deutschen Nationalstaat und demokratische Freiheiten fordern.
1817	Wartburgfest am 18./19. Oktober
1819	Die Ermordung des deutschen Dramatikers August von Kotzebue durch den Burschenschaftler Karl Ludwig Sand am 23. März wird zum Anlass für die „Karlsbader Beschlüsse“: Mit diesen Maßnahmen werden alle „demagogische Umtriebe“ mit Polizeigewalt unterdrückt (Pressezensur, Verbot der Burschenschaften, Entlassung revolutionär gesinnter Lehrer, Überwachung der Universitäten, Verbot der Turnbewegung Jahns).

Gauß und Humboldt als historische Personen[3]

Carl Friedrich Gauß

1777	Am 30. April Geburt in Braunschweig, der Vater arbeitet u. a. als Gärtner, Markthändler und Maurer, die Mutter kann kaum lesen.
1786	G. entdeckt als Neunjähriger, wie sich noch so große Reihen aufeinanderfolgender Zahlen addieren lassen („Gauß'sche Summenformel“).
1791	G.' Lehrer Büttner ermöglicht dem 14-Jährigen, das Gymnasium zu besuchen; bei der Förderung des Jungen wird er von seinem Assistenten Martin Bartels unterstützt.
1792–1795	Der Herzog Carl Wilhelm Ferdinand von Braunschweig gewährt G. ein Stipendium, sodass G. am Collegium Carolinum studieren kann; dort wird er von Professor Eberhard August Wilhelm von Zimmermann gefördert. Der Junge entdeckt Fehler in Algebra-Lehrbüchern und

3 Vgl. zu diesem Abschnitt die Aufsätze von Hubert Mania (über Gauß) und Manfred Geier (über Humboldt) in Nickel (Hrsg.) sowie die jeweiligen Einträge in Wikipedia.

	bislang unbekannte Zusammenhänge zwischen Primzahltabellen und Logarithmentafeln.
1796	G. studiert Mathematik sowie Experimentalphysik (bei Georg Christoph Lichtenberg) in Göttingen. Er entdeckt am 29. März die Konstruierbarkeit eines regelmäßigen Siebzehnecks, der erste Fortschritt auf diesem Gebiet seit 2000 Jahren Mathematikgeschichte.
1799	G. wird mit einem Beweis des Fundamentalsatzes der Algebra Doktor der Philosophie. Nebenbei arbeitet er an seinem Werk *Disquisitiones Arithmeticae* („Arithmetische Untersuchungen"), mit dem er die Zahlentheorie revolutioniert. Als Gegenleistung für das ihm vom Herzog von Braunschweig gewährte Stipendium übernimmt er das Ehrenamt eines „Redakteurs für Volkszählungen, Sterbe- und Geburtsregister" und beschäftigt sich mit Statistiken.
1801	Das Erscheinen der *Disquisitiones Arithmeticae* macht G. als Mathematiker weltberühmt. Außerdem ermöglichen seine Berechnungen die Wiederentdeckung des Asteroiden „Ceres", womit G. auch als Astronom berühmt wird.
1805	Heirat mit Johanna Osthoff, der Tochter eines Gerbermeisters; im Jahr darauf Geburt des ersten Sohnes Josef
1806	Tod seines Gönners, des Braunschweiger Herzogs Carl Wilhelm Ferdinand (verwundet bei der Schlacht von Jena und Auerstedt)
1807	G. wird Professor der Astronomie in Göttingen und Direktor der dortigen Universitäts-Sternwarte.
1809	Tod seiner Frau Johanna bei der Geburt ihres dritten Kindes
1810	G. heiratet Johannas Freundin Minna Waldeck (sie stirbt 1831). Auch Minna bringt drei Kinder zur Welt. Zwei von ihnen, Eugen (1811–1896) und Wilhelm (1813–1879), wandern 1830 bzw. 1837 nach Amerika aus.
1828	G. lernt in Berlin Humboldt und seinen späteren Freund und Mitarbeiter, den Physiker Wilhelm Weber, kennen; inspiriert durch Humboldts Forschungen widmet sich G. von nun an dem Erdmagnetismus und baut sich in Göttingen ein magnetisches Observatorium (ohne Eisennägel).
1833	G. und Weber errichten in Göttingen zwischen Physikinstitut und Sternwarte (ca. 1000 m) die erste elektromagnetische Telegrafenstrecke der Welt und begründen damit die elektrische Nachrichtentechnik.

1855	Als G. am 23. Februar stirbt, tragen etwa 50 mathematische und physikalische Verfahren und Begriffe seinen Namen (Gauß'sche Glockenkurve, Gauß'sche Zahlenebene, Gauß'sches Gesetz der Elektrizität usw.). Die Entwicklung der nichteuklidischen Geometrie wäre ohne ihn nicht denkbar und damit auch nicht die Einsteinsche Relativitätstheorie. Fünfzig Jahre nach seinem Tod wird sein Tagebuch gefunden, in dem noch viele weitere Entdeckungen verzeichnet sind.

Alexander von Humboldt

1769	Geburt am 14. September in Berlin. Der Vater ist preußischer Offizier und Kammerherr der Kronprinzessin.
1779	Als Neunjähriger erlebt Alexander den Tod des Vaters. Die Mutter ist um eine möglichst gute Bildung ihrer beiden Söhnen Alexander und Wilhelm (geb. 1767) bemüht. Kindheit und Jugend werden streng beaufsichtigt, Hauslehrer erteilen intensiven Privatunterricht. Wilhelm ist fleißig und an Sprachen und Literatur interessiert, Alexander gilt zunächst als weniger begabt und interessiert sich mehr für Natur.
1787	Studium der Brüder in Frankfurt (Oder), Alexander studiert Kameralwissenschaft (Staatswirtschaftslehre).
1789	Studium in Göttingen, Alexander besucht den botanischen Garten, Unterricht bei dem Pflanzenkundler Carl Ludwig Willdenow.
1790	Reise mit Georg Forster nach Belgien, Holland, England und Frankreich
1791/ 1792	Bergbau-Studium an der Bergakademie in Freiberg/Sachsen (u. a. bei Abraham Gottlob Werner)
1794	Begegnung der Brüder Humboldt mit Goethe und Schiller in Jena (am 17. Dezember)
1795	Ernennung zum Oberbergrat (als Jüngster mit 26 Jahren). H. unternimmt galvanische Experimente mit künstlichen Wunden auf seinem Rücken.
1796	Tod der Mutter am 19. November, Ausscheiden aus dem Staatsdienst auf eigenen Wunsch, Vorbereitung für eine Forschungsreise um die Welt dank seines Erbes

1799	H. geht am 5. Juni in La Coruna mit dem jungen französischen Botaniker Aimé Bonpland an Bord der spanischen Fregatte „Pizarro", ausgestattet mit zahlreichen Privilegien der spanischen Krone. Am 16. Juli Landung in Cumaná (Venezuela), Beginn der fünfjährigen Forschungsreise durch die amerikanischen Äquinoktial-Gegenden
1800	Erforschung der natürlichen Stromverbindung zwischen dem Orinoco und dem Amazonas (knapp 3000 Kilometer lange Expedition), Zwischenaufenthalt in Havanna
1801/ 1802	Anden-Forschungsprojekt: Mehrmalige Andenüberquerung, ab Januar 1802 gemeinsam mit Carlos Montúfar Erforschung zahlreicher Vulkane, Widerlegung des Neptunismus. Am 23. Juni 1802 Besteigung des Chimborazo (mit 6310 Meter Höhenweltrekord), am 23. Oktober Ankunft in Lima.
1803	Erforschung Mexikos von Acapulco über Mexiko-Stadt bis Veracruz, im Anschluss Besuch bei Präsident Thomas Jefferson in Washington
1804	Anfang August betreten H. und Bonpland wieder europäischen Boden. H. lebt zunächst in Paris, ab 1805 in Berlin, wo er sich aber fremd fühlt.
1808–1827	Aufenthalt in Paris mit Erlaubnis des preußischen Königs, Arbeit an *Reise in die Äquinoktial-Gegenden des Neuen Kontinents* (30 Bände)
1827–1859	Friedrich Wilhelm III. beordert H. zurück an den Hof nach Berlin; dort hält H. mit großem Erfolg öffentliche Vorlesungen (Kosmosvorträge).
1828	Im September findet unter H.s Leitung die 7. *Versammlung Deutscher Naturforscher und Ärzte* statt, an der auch Gauß teilnimmt, H. beherbergt ihn als persönlichen Gast in seiner Wohnung.
1829	Mit 60 Jahren reist H. zusammen mit dem Zoologen und Mediziner Christian Gottfried Ehrenberg und dem Mineralogen Gustav Rose auf Einladung des russischen Zaren über den Ural durch Sibirien bis zur chinesischen Grenze (15.000 Kilometer). Die als Gegenstück zur amerikanischen Reise gedachte asiatische Reise wird jedoch eine Enttäuschung, da H. keinen Schritt allein unternehmen kann.
1859	Bis zu seinem Tod am 6. Mai schreibt H. an *Kosmos. Entwurf einer physischen Weltbeschreibung* (5 Bände).

Zwischen Realität und Fiktion oder: Wo ist Carlos Montúfar?

Kein „historischer Roman"

Die „Helden" dieses Romans passen sich den zeitgeschichtlichen Besonderheiten der damaligen Zeit an, auch wenn Kehlmann keine Doppelbiografie beider Wissenschaftler liefert, sondern sich Realität und Fiktion bei beiden Charakteren abwechseln, um dem Roman seinen ganz eigenen Stil zu verleihen. Ein Vergleich mit den Biografien der historischen Personen Gauß und Humboldt zeigt, dass sich Kehlmann zwar weitgehend an deren Lebensstationen hält, aber auch, dass es im Konkreten gravierende Abweichungen gibt. Ein Beispiel für die erzählerischen Freiheiten Kehlmanns, der keinen historischen Roman im Sinne einer möglichst wahrheitsgetreuen Abbildung schaffen wollte, ist die **Ignorierung eines Reisebegleiters** von Humboldt und Bonpland im Roman: Carlos Montúfar (1780–1816) hatte die beiden ab Januar 1802 begleitet, hatte mit ihnen sogar den Chimborazo bestiegen. Montúfars Beitrag an der Expedition wurde von Humboldt ausführlich in seinem Bericht gewürdigt. Kehlmann schreibt dazu:

„Also musste ich auf Carlos Montúfar verzichten"

> „Als ich begann, meinen Roman über Gauß, Humboldt und die quantifizierende Erfassung der Welt zu schreiben (...) wurde mir schnell klar, dass ich erfinden musste. (...) Man muss arrangieren, muss Licht und Schatten setzen. Besonders die Darstellung der zweiten Hauptfigur, des wunderlichen Barons Alexander von Humboldt, jener Kreuzung aus Don Quixote und Hindenburg, verlangte noch Übersteigerung, Verknappung und Zuspitzung. Hatte er in Wirklichkeit eine eher undramatische Rundreise von über sechs Jahren Dauer gemacht, so musste ich, um davon erzählen zu können, nicht nur sehr viel weglassen, sondern Verbindungen schaffen und aus isolierten Begebenheiten zusammenhängende Geschichten bauen. / So verwandelte ich den Assistenten des Barons, den treuen und vermutlich eher unscheinba-

ren Botaniker Aimé Bonpland in seinen aufmüpfigen Widerpart. In Wirklichkeit war Humboldt meist inmitten einer sich ständig verändernden Gruppe gereist (...). Also musste ich auf Carlos Montúfar verzichten (...) in meiner Version hatte ein dritter Begleiter nichts verloren. Wie Don Quixote und Sancho, Holmes und Watson, Waldorf und Statler sollten meine Reisenden ein verschworenes, streitendes Paar sein. Viele Dutzend Menschen mochten mit Humboldt den Kontinent durchstreift haben, aber meine Dramaturgie verlangte, dass er und Bonpland, umgeben bloß von den Randfiguren wechselnder Führer, miteinander allein blieben."[4]

Dieses Beispiel zeigt, dass man es bei *Die Vermessung der Welt* mit einem **raffinierten literarischen Spiel mit Realität und Fiktion** zu tun hat und nicht mit einer der historischen Realität verpflichteten Nacherzählung. Kehlmann selbst spricht von einem „Gegenwartsroman, der in der Vergangenheit spielt", der so klingen sollte, „wie ein seriöser Historiker schreiben würde, wenn er plötzlich verrückt geworden wäre."[5] Das macht auch das Beispiel der angeblichen Ballonfahrt des jungen Gauß um 1792 mit Pilâtre de Rozier (vgl. S. 63 ff.) deutlich, deren Zeuge auch Humboldt wird (vgl. S. 28) und die Gauß das Verständnis für die nichteuklidische Geometrie eröffnet haben soll: Tatsächlich war der Luftfahrtpionier bereits 1785 über dem Ärmelkanal abgestürzt, als erstes Opfer der Luftfahrt. Die Ballonfahrt ist somit von Kehlmann frei erfunden, wie noch vieles andere im Roman, etwa Gauß' Besuch beim alten Kant, der Auftritt Daguerres oder Bonplands Abschiedsbrief am Chim-

„Gegenwartsroman, der in der Vergangenheit spielt"

Erfundene Ballonfahrt

4 Kehlmann, *Wo ist Carlos Montúfar?*, S. 14–16.

5 *„Ich wollte schreiben wie ein verrückt gewordener Historiker"*. In: *Frankfurter Allgemeine Zeitung* vom 9. Februar 2006. Zitiert nach: Nickel (Hrsg.), S. 32 f.

Unstimmige Datierungen

borazo.[6] Ebenso stimmen viele Datierungen nicht: Die Szene, als der Herzog dem Knaben Gauß erzählt, sein Patensohn Humboldt sei eben nach Südamerika aufgebrochen, spielt etwa um 1792 – Humboldt machte sich aber erst 1799 auf den Weg.

6 Vgl. dazu eine Kritik von Wolfgang Griep an Kehlmanns Roman, *Der Kehlmann-Kanal*, in: DIE ZEIT, Nr. 16/2007 ; http://www.zeit.de/online/2007/16/L-Kehlmann [Stand: 2. 7. 2012].

2.3 Angaben und Erläuterungen zu wesentlichen Werken

ZUSAMMENFASSUNG

Daniel Kehlmanns Werke weisen keine autobiografischen Züge auf. Die von ihm erfundenen „Helden" sind oft Extremfiguren, die sich im Spannungsfeld zwischen Naturwissenschaft, Mathematik und Kunst bewegen: Zudem werden oft neue Medien als „Welten" thematisiert, in denen Realität und Fiktion ununterscheidbar zu verschmelzen drohen. Nichts scheint so zu sein, wie es den Anschein hat.

1997	*Beerholms Vorstellung. Roman:* Kehlmann Erstling handelt vom Aufstieg und Fall des Illusionskünstlers Arthur Beerholm, der Magie der Zahlen, des Zufalls und der Liebe.
1998	*Unter der Sonne. Erzählungen:* Erzählt werden Geschichten von Menschen, die sich nach einem Ereignis sehnen, das die Alltäglichkeit ihres Daseins verändert.
1999	*Mahlers Zeit. Roman:* Der Physiker David Mahler entdeckt, wie man das Problem der Zeit lösen kann; der Menschheitstraum, in die Zukunft sehen zu können, scheint somit möglich zu sein. Der Leser wird Zeuge eines Experiments, an dessen Ende die Zeit neu definiert werden müsste.
2001	*Der fernste Ort:* In diesem Roman wird am Beispiel eines Versicherungsangestellten der Versuch thematisiert, ob es möglich ist, aus seinem Dasein auszubrechen und ein anderer Mensch zu werden.
2003	*Ich und Kaminski. Roman:* Ein ehemaliger Student der Kunstgeschichte wittert seine Chance, als er vom nahenden Tod des Malers Kaminski erfährt; er will sich durch das Schreiben einer Kaminski-Biographie einen Namen machen. Als es ihm gelingt, mit dem Maler zu sprechen, muss er erkennen, dass er ihm in keiner Weise gewachsen ist.
2005	***Die Vermessung der Welt. Roman***

2005	*Wo ist Carlos Montufár? Über Bücher:* Ein Band mit Texten zur Literatur, Rezensionen, Reden und Essays über eigene sowie fremde Bücher
2007	*Diese sehr ernsten Scherze. Poetikvorlesungen:* Kehlmann gibt einem fiktiven Interviewer mal bereitwillig, mal widerwillig Auskunft über sein Schreiben.
2008	*Requiem für einen Hund. Ein Gespräch:* Eine Art Langzeit-Gespräch zwischen Kehlmann und dem Publizisten Sebastian Kleinschmidt über Gesprächsthemen wie Philosophie, Literatur und Biografie. Immer mit dabei war Kehlmanns inzwischen verstorbener Hund, der zum Ausgangspunkt des Gesprächs wurde und dem Buch seinen Titel verlieh.
2009	*Ruhm. Roman:* Ein Roman, in dem sich in neun Episoden Realität und Fiktion abwechseln und Ruhm und Verschwinden, Täuschung und Wahrheit zu einem Gesamtbild fügen.

Kehlmann und seine Biografie

Aufgewachsen in einer künstlerischen Familie, kam für Daniel Kehlmann als Beruf nie etwas anderes in Frage, als Schriftsteller zu werden. Für sich selbst kommt er dabei zu dem pathetischen Schluss, dass das Schreiben

> „zu den wichtigsten Unterfangen gehört, denen ein Mensch sich in seinem kurzen Leben hingeben kann und dass in dieser gefallenen Welt kaum etwas so viel Hingabe verdient wie die Literatur.“[7]

Beerholms Vorstellung war der erste Roman Kehlmanns, der 1997 veröffentlicht wurde. In diesem Roman will ein Illusionskünstler mehr als nur den Schein des Wunders in den Grenzen seiner Kunst erreichen. In diesem sowie in seinen folgenden Werken geht es Kehlmann um das Spiel mit der Wirklichkeit und dabei um den

---

7 Vgl. http://www.news.de/medien/855065828/der-starautor-packt-aus/1/ [Stand: 12. 6. 2012].

Versuch, die vorhandene Wirklichkeit nach den eigenen Vorstellungen zu korrigieren.

Gemeinsamkeiten mit *Vermessung der Welt*

Der Leser ist gefragt, **Realität und Fiktion zu unterscheiden**. Er wird durch Kehlmanns Büchern zum Mitdenken aufgefordert und ständig mit der Frage konfrontiert, ob das Geschriebene wahr oder nur erfunden ist. Das verbindet seine vorangegangenen und neuesten Romane mit dem 2005 veröffentlichten Bestseller *Die Vermessung der Welt*, der ihn weltberühmt machte. Mit seinen Protagonisten Gauß und Humboldt liefert er eine Studie über Opfer und Moral der Wissenschaft und ein gelungenes Abbild des Bürgertums zu Zeiten der Weimarer Klassik. Dabei hält sich sein Roman keineswegs nur an historische Gegebenheiten der damaligen Zeit, sondern Fakten werden, wie gesehen, nach den eigenen literarischen Intentionen verändert. Dichtung und Realität verschmelzen vor dem Auge des Lesers zu Plausibilitäten.

3. TEXTANALYSE UND -INTERPRETATION

3.1 Entstehung und Quellen

ZUSAMMEN-FASSUNG

→ Kehlmanns Faszination für Literatur und Kultur Lateinamerikas und die historisch nachweisbare persönliche Begegnung der beiden Forscher Gauß und Humboldt 1828 in Berlin bilden die Grundlage für den Roman.
→ Zu Kehlmanns Quellen gehören neben Humboldts Reisebericht eine Geschichte der Geometrie von L. Mlodinov sowie die Gauß-Biografie von Walter K: Bühler.

Carl Friedrich Gauß war Kehlmann bereits aus seinen Schultagen bekannt, hauptsächlich durch Anekdoten, von denen viele auch in seinen Roman eingeflossen sind. Später begegnete er dem Mathematiker in einer Geschichte der Geometrie von Leonard Mlodinov wieder (dt. *Das Fenster zum Universum. Eine kleine Geschichte der Geometrie*, 2002). Alexander von Humboldt hingegen entdeckte der Autor erst, nachdem er sich einige Jahre intensiv mit lateinamerikanischer Literatur beschäftigte und während eines Aufenthalts in Mexiko City entdeckte, wie präsent Humboldt dort heute noch ist. Nach der Lektüre von Humboldts umfangreichem Reisewerk, in dem er seine Expedition durch Südamerika schildert, erkannte Kehlmann in dem Naturforscher schnell eine komische Figur, dessen Deutschsein zum Teil sehr komische Züge annahm.

Leonard Mlodinovs Geometrie-Geschichte als Quelle

Nachdem der Autor dann noch herausfand, dass Gauß 1828 während eines Wissenschaftlerkongresses in Berlin bei Humboldt gewohnt hatte und beide Wissenschaftler völlig unterschiedlich waren, kam ihm schließlich die Idee zu seinem Roman. Er stellte sich

Der Forscherkongress von 1828 als Bindeglied

die Situation mit zwei alten Männern vor, wobei es den einen gab, der überall war, und den anderen, der nirgends war, den einen, der immer Deutschland mit sich getragen hat, und den anderen, der wirkliche geistige Freiheit verkörperte, ohne je irgendwohin gegangen zu sein.

Neben dem Studium der **Reiseberichte Humboldts** und weiterer wissenschaftlicher Bücher über sein Wirken, befasste sich Kehlmann auch noch eingehend mit dem Leben und Werk von Carl Friedrich Gauß. Er las die Briefe des Mathematikers, aus denen er zu dem Schluss kam, dass es sich um einen komplexen, vielgestaltigen, aber nachvollziehbaren Menschen gehandelt haben muss.

Walter K. Bühlers Gauß-Biografie als Quelle

Nur eines blieb Kehlmann zunächst fern, und das war Gauß' Mathematik, für deren Verständnis er manches nachlernen bzw. auffrischen musste. Für seine Zwecke geeignet erschien ihm dabei die von dem Mathematiker Walter K. Bühler über Gauß verfasste Biographie (*Gauß. Eine biografische Studie*, 1986), obwohl sie nach Kehlmann nur eine Aneinanderreihung von Fakten, ohne Verbindung und ohne erzählerischen Bogen, darstellt und sich nie zu einem Gesamtbild zusammenfügt.

Geschrieben am Meer

Geschrieben hat Kehlmann den Roman zum Teil an der Nordsee und zum Teil am Mittelmeer und bei offenem Fenster, was er als ein befreiendes Erlebnis empfand.[8]

---

8 Vgl. zu dieser Zusammenfassung der Romanentstehung die Interviews mit Kehlmann in Nickel (Hrsg).

3.2 Inhaltsangabe

ZUSAMMEN-FASSUNG

Im Mittelpunkt des Romans steht die fiktive Doppelbiographie der Forscher Carl Friedrich Gauß und Alexander von Humboldt vor dem Hintergrund der Goethezeit:

→ 1. Kapitel: Reise von Gauß nach Berlin zu einem Naturforscherkongress in Berlin im Jahre 1828 auf Einladung von Humboldt
→ 2.–10. Kapitel: getrennte und abwechselnde Erzählung der Lebensgeschichten von Humboldt und Gauß
→ 11.–15. Kapitel: Fortsetzung der Geschehnisse während des Aufenthalts von Gauß bei Humboldt 1828 in Berlin aus Anlass des Naturforscherkongresses
→ Das 16. Kapitel ist dem Schicksal von Gauß' Sohn Eugen gewidmet: Nachdem er in Berlin wegen verbotener politischer Aktivitäten verhaftet worden ist, macht Humboldt seinen Einfluss geltend, sodass Eugens Strafe in eine Verbannung nach Amerika umgewandelt wird.

Die Reise (1)

Gauß' Reise nach Berlin

Es ist September 1828, als sich der Mathematiker Gauß von seiner Heimatstadt Göttingen aus zusammen mit seinem Sohn Eugen auf den Weg nach Berlin macht, um dort auf Einladung Humboldts am Naturforscherkongress teilzunehmen. Er unternimmt diese Reise nur sehr widerwillig, ist schlecht gelaunt und wirft während der unbequemen Kutschfahrt dorthin Eugens Buch *Deutsche Turnkunst* aus dem Fenster. An der Grenze nach Preußen angekommen, kann er keinen Pass vorweisen, dennoch gelingt es den beiden, die Grenze zu passieren, weil ein national gesinnter Student den Gendarmen provoziert und ablenkt. Gauß und sein Sohn kommen am nächsten Nachmittag in Berlin an. Dort werden sie ehrenvoll von Humboldt empfangen. Dabei kommt es zu einem Zwischenfall, als die Ankunft der beiden von dem Fotografiepionier Louis Daguerre festgehalten werden soll: Gauß hat Probleme damit, während der für die Erstellung einer Daguerreotypie notwendigen Zeit still zu stehen, und ein herbeieilender Polizist vermutet sogleich eine unerlaubte Zusammenrottung und verlangt die Auflösung der Gruppe, sodass die Aufnahme scheitert.

Das Meer (2)

Humboldts Jugend

Die Mutter der beiden Geschwister Alexander und Wilhelm von Humboldt legt nach dem Tod ihres Mannes großen Wert auf eine exzellente Ausbildung ihrer Söhne. Eine vieldeutige Vorhersage Goethes wird so gedeutet, dass der ältere Sohn Wilhelm, der zunächst für begabter gehalten wird, ein Mann der Kultur werden soll, und aus Alexander ein Mann der Wissenschaft. Das Verhältnis der Brüder zueinander ist angespannt und von Rivalität geprägt, Wilhelm trachtet heimlich seinem jüngeren Bruder sogar nach dem Leben. Einmal lockt er ihn auf brüchiges Eis und reicht ihm erst die Hand, nachdem Alexander eingebrochen ist und es aus eigener Kraft gerade noch geschafft hat, sich herauszuziehen. Für den jungen Alexander ist das Erlebnis ein Wendepunkt in seinem Leben, da sich von nun an seine Leistungen verbessern.

An der Bergbauakademie in Freiburg

Während Wilhelm später Jura studiert, besucht Alexander, der sein Leben dem Studium der Natur widmen will, die Bergbauakademie in Freiburg. Nach seinem Abschluss wird er Assessor beim Berg- und Hüttendepartment und arbeitet schon wenige Monate später als Bergwerksinspektor. Schon in dieser Zeit unternimmt er ohne Rücksicht auf seine Gesundheit naturwissenschaftliche Experimente und macht erste Erfindungen (Grubenlampe, Respirationsmaschine). Nach dem Tod seiner Mutter kündigt er aber seine Anstellung, um sich vom Erbe seinen großen Traum, den amerikanischen Kontinent zu bereisen und die dortige Natur zu erforschen, zu erfüllen. Als Goethe von Alexanders Reiseplänen erfährt, ernennt er ihn zum Botschafter der Weimarer Bildungselite.

Aimé Bonpland

In Salzburg deckt sich Humboldt mit den nötigen Messinstrumenten für die Reise ein und erlernt deren Umgang. Als er dann weiter nach Paris reist, wo er seinen Bruder Wilhelm besucht, trifft er zufällig auf den Arzt und Botaniker Aimé Bonpland, der von da an sein ständiger Reisebegleiter wird. In Madrid gelingt es Humboldt durch einen Trick, den Minister dazu zu bringen, sie mit Sonderrechten für die spanischen Kolonien in Südamerika auszustatten. Anschließend stechen sie in See und erreichen nach einem Zwischenstopp auf Teneriffa, wo Humboldt von einem Drachenbaum beeindruckt ist, schließlich Trinidad, wo sie von Bord gehen. Eine während der Überfahrt auf dem Schiff grassierende Fieberkrankheit überstehen beide Forscher unbeschadet.

Der Lehrer (3)

Gauß' Jugend und sein Forscherdrang

Der junge Gauß, der in ärmlichen Verhältnissen aufwächst, liebt seine Mutter abgöttisch. Es tut ihm weh zu sehen, wie sie mit der Zeit altert, und selbst nichts dagegen tun zu können. Seinem Vater bringt er wenig Respekt entgegen, da er ihm im Denken zu langsam erscheint, wie die meisten anderen Menschen, denen das Kind begegnet. Um sich selbst das Lesen beizubringen, genügt ihm ein Nachmittag. In der Schule beeindruckt er schon als Achtjähriger seinen Lehrer mit seinen mathematischen Fähigkeiten, der ihm, der Skepsis seiner Eltern zum Trotz, eine Freistelle auf dem Gymnasium verschafft. Der Assistent des Lehrers, ein Student namens Martin Bartels, nimmt ihn unter seine Fittiche. Auch dem Herzog von Braunschweig entgeht das Talent des Jungen nicht, und Gauß erhält von ihm ein Stipendium, mit dessen Hilfe er sich auf ein Studium vorbereiten kann. Durch eine glückliche Fügung gelingt es Gauß, den Ballonfahrer Pilâtre de Rozier davon zu überzeugen, ihn einmal mitfliegen zu lassen, um von oben die Sterne besser sehen zu können. Dabei gelangt er zu der für ihn wichtigen Erkenntnis, dass alle parallelen Linien einander berühren.

Die Ballonfahrt

Die Höhle (4)

Bonpland und Humboldt halten sich ein halbes Jahr in Neuandalusien auf, wo sie zahlreiche Untersuchungen und Experimente durchführen. Schließlich erforschen sie zusammen mit zwei Mönchen und einem indianischen Führer die Höhle der Toten. Humboldt erscheint darin seine tote Mutter. Er versucht die Erscheinung jedoch zu ignorieren, schließt die Augen und zählt „langsam bis zehn“ (S. 74).

Neuandalusien

Als der Gouverneur ihm mit einem von ihm geschickten Mädchen einen Gefallen tun will, reagiert Humboldt ablehnend und offenbart damit sein sexuelles Desinteresse an Frauen. Stattdessen wendet er sich nunmehr wieder verstärkt seinen eigenen Forschungen zu, um einen legendären Kanal, der angeblich den Orinoko mit dem Amazonas verbinden soll, zu entdecken. Humboldt ist so in seine Messungen vertieft, dass er eine Sonnenfinsternis, die er und Bonpland verfolgen, nicht mit eigenen Augen, sondern nur mittels seiner Instrumente beobachtet, da zum Aufblicken keine Zeit gewesen sei, wie er dem ungläubigen Bonpland erklärt.

Humboldt steht nicht auf Frauen

Die Zahlen (5)

Gauß, der inzwischen in Göttingen studiert, leidet unter Zahnschmerzen und begibt sich deshalb in die Hände eines Barbiers, der ihm aber zunächst den falschen Zahn zieht. Dennoch gelingt es ihm, geplagt von Schmerzen, in einer Art Rausch, ein regelmäßiges Siebzehneck zu konstruieren, womit er ein jahrtausendealtes mathe-

Gauß schreibt sein Hauptwerk

matisches Problem löst. Während seines Studiums beschäftigt er sich mit einer Grundlegung der Arithmetik und besucht regelmäßig eine russische Prostituierte namens Nina. Nach bestandener Promotionsprüfung, als er noch auf die Urkunde warten muss, vertreibt er sich auf dem Gang die Zeit damit, die *Göttinger Gelehrten Anzeigen* zu lesen, und erfährt, dass sich ein gewisser Alexander von Humboldt gerade in Neuandalusien aufhält. Er findet die Informationen beeindruckend, findet die Reise allerdings unsinnig.

Nachdem er seine Promotion abgeschlossen hat, arbeitet er weiter an seinem Lebenswerk, der Grundlegung der Arithmetik. Als er jedoch kein Geld mehr hat, um weiter zu studieren, arbeitet er vorübergehend als Landvermesser. Dabei kommt es auch zur Begegnung mit Johanna, in die er sich verliebt. Als er schließlich sein Hauptwerk, die *Disquisitiones Arithmeticae,* fertiggestellt hat, bittet er Johanna, seine Frau zu werden, was sie jedoch zunächst ablehnt. Trotzdem stolz, sein Lebenswerk vollendet zu haben, macht er sich auf den Weg nach Königsberg, um dem Philosophen Immanuel Kant sein Werk zu überreichen und mit ihm über seine Theorien zu sprechen, wozu auch revolutionäre Gedanken über eine nichteuklidische Geometrie des Raumes gehören. Kant ist jedoch aufgrund seines fortgeschrittenen Alters nicht mehr in der Lage, mit Gauß ein adäquates Gespräch zu führen. Gauß fährt daher unverrichteter Dinge wieder zurück nach Braunschweig. Da ihm die ihm noch verbleibende Lebenszeit als sinnlos erscheint, entschließt er sich dazu, seinem Leben durch die Einnahme von Curare vorzeitig ein Ende zu setzen. Jedoch liest er noch rechtzeitig den Brief Johannas, in dem diese ihm mitteilt, dass sie seinen zweiten Heiratsantrag annimmt.

Johanna

Begegnung mit Kant

Der Fluss (6)

Suche nach dem Kanal

Nach der Besteigung des Silla, bei dem sie von einem Bienenschwarm angegriffen werden, wobei Humboldt einmal mehr durch seine Kaltblütigkeit auffällt, starten Bonpland und Humboldt von Caracas aus in Richtung Orinoko, um die Kanalverbindung von dort zum Amazonas zu finden. In Calabozo treffen sie einen alten Mann, der von der Welt abgeschnitten lebt und ebenfalls Forscher ist, aber von Humboldt erschüttert erfahren muss, dass seine Entdeckungen in der Welt längst bekannt sind. An einem Teich experimentieren Humboldt und Bonpland ohne Rücksicht auf ihre Gesundheit mit elektrischen Aalen. Danach entdecken sie ein Mädchen, das offenbar vergewaltigt worden ist, was aber nur Bonpland erkennt. In San Fernando mieten die beiden auf der Suche nach dem legendären Kanal ein Boot samt vier Ruderern, die behaupten, sich in der Gegend auszukennen. Während dieser Zeit läuft Humboldt auch ein Schäferhund zu, der die Reisenden von nun an begleitet. Humboldt begegnet im Dschungel einem Jaguar, der ihn jedoch nicht angreift. Dafür sind die Reisenden in ihrem Boot immer wieder den Attacken der Moskitos ausgesetzt; später entdeckt Humboldt, dass sich in die Haut seiner Zehen Flöhe eingegraben haben.

Begegnung mit dem Jesuitenpater Zea

Nach einiger Zeit erreichen sie schließlich die Missionsstation des Jesuitenpaters Zea, der sich skeptisch zeigt, ob man dem Chaos des Dschungels mit den Mitteln des Verstandes beikommen kann, und der nicht daran glaubt, dass es die Verbindung zwischen dem Orinoko und dem Amazonas wirklich gibt. Das Forscherduo wird Zeuge von Misshandlungen von Eingeborenen. Bei dem Besuch einer Grabhöhle entwendet Humboldt eine Kinder- und zwei Erwachsenenleichen und macht sich damit bei den Einheimischen unbeliebt. Ein Wahrsager macht düstere Andeutungen über Bonplands weiteres Schicksal, Humboldts Hand zeige dagegen zu seinem Erstaunen keinerlei Hinweis über dessen Zukunft, behauptet er. Eines Nachts schleicht sich ein kleiner Junge nackt in Humboldts Hütte und legt sich direkt neben den Forscher. Humboldt wehrt den Jungen mit Fußtritten ab und zerrt ihn ins Freie.

Der Kanal

Kurze Zeit später erreichen sie die Mündung des Kanals, Mückenschwärme stürzen sich auf sie. Humboldt kann auf seiner Weiterfahrt schließlich den Endpunkt des Kanals finden und vermessen. Kurz darauf verschwindet der Hund. Tage später erreichen sie wieder eine Siedlung mit einem Missionar. Selbstversuche mit Curare überstehen Humboldt und Bonpland zum Erstaunen der Eingeborenen benommen, aber unbeschadet. Ein Deutscher namens Brombacher taucht plötzlich aus dem Dschungel auf und verschwindet nach wenigen Sätzen wieder. Beim Abendessen werden sie möglicherweise Zeuge von Kannibalismus.

Rückfahrt

Nachdem Humboldt den Kanal auf der Karte verzeichnet hat, kommt es zu einer Diskussion über das weitere Ziel der Reise; die Mitreisenden können Humboldt davon überzeugen, an dieser Stelle umzukehren, statt auch noch die Quellen des Amazonas zu suchen. Humboldt und Bonpland fahren den Kanal in umgekehrter Richtung wieder zurück, geraten in ein schweres Unwetter und verlieren ihr Boot samt Ruderern, nachdem die beiden gerade noch ihre Messinstrumente haben abladen können. In strömendem Regen wartet das Forscherduo ratlos das Ende des Gewitters ab.

Die Sterne (7)

Erfolg als Astronom

Gauß wird viel Anerkennung zuteil, nachdem er das Auftauchen des Planeten Ceres genau vorausberechnet hat. Der Herzog macht ihm das Angebot, Direktor der noch zu errichtenden Sternwarte zu werden, um ihn in Braunschweig zu halten. Gauß behauptet, noch andere Angebote zu haben, und fordert selbstbewusst eine ihm angemessen erscheinende Bezahlung im Vorfeld der bevorstehenden Hochzeit mit Johanna. Der Herzog wiegelt Gauß' Forderungen jedoch mit der Bemerkung, „man werde sich einigen" (S. 146), erst mal ab. Vor der Heirat besucht Gauß noch einmal zum Abschied die Prostituierte Nina und verspricht ihr, eines Tages Russisch zu lernen. Seine eigene Forschungsarbeit ist Gauß so wichtig, dass er sogar in der Hochzeitsnacht das Ehebett verlässt, um einen Einfall zu notieren, wie sich Messfehler bei der Berechnung der Planetenbahnen korrigieren lassen.

Der Bau der Braunschweiger Sternwarte lässt auf sich warten, worüber er sich bei Professor Zimmermann beklagt, der ihn daraufhin fragt, ob er wirklich nicht wisse, dass Krieg sei. Nach dem plötzlichen Tod des Herzogs, der auf dem Schlachtfeld verwundet worden ist, zieht das Ehepaar nach Göttingen, obwohl diese Stadt inzwischen unter französischer Vorherrschaft steht. Dort wird für ihn mit dem Bau eines Observatoriums begonnen, dafür muss Gauß Kollegien halten; die Studenten kommen ihm allesamt dumm vor. Nach der Geburt seines Sohnes Joseph (von der er überrascht wird, so sehr ist er in seine Forschungen vertieft) und seiner Tochter Wilhelmine wird Johanna zum dritten Mal schwanger. Gauß reist nach Bremen zu seinem Mitarbeiter Bessel, der ihn überredet, mit ihm ans Meer und nach Weimar zu fahren. Dort trifft Gauß bei einem Theaterbesuch auf Wilhelm von Humboldt, verwechselt diesen aber versehentlich mit dessen Bruder Alexander und beleidigt ihn noch, indem er sich verächtlich über die Geisteswissenschaften äußert. Nach seiner Rückkehr erfährt Gauß, dass seine Frau und sein drittes Kind, ein Sohn, im Sterben liegen und nicht überleben werden. Nach Johannas Tod am Boden zerstört, denkt er darüber nach, wegen seiner Kinder erneut zu heiraten.

Professor in Göttingen

Begegnung mit Wilhelm von Humboldt

Johannas Tod

Der Berg (8)

Vor dem Besteigen des Chimborazo verfassen Humboldt und Bonpland Abschiedsbriefe für den Fall, dass sie nicht lebend zurückkehren sollten. Bonpland resümiert in seinem Schreiben, was seit der Kanalerforschung geschehen ist: Er berichtet von seinem Fieber und seinen Fantasien, Humboldt zu ermorden, vom Untergang

Bonplands Abschiedsbrief

Humboldt und Bonpland am Chimborazo, gemalt von F. G. Weitsch 1810 © avhumboldt.de

eines Schiffes mit einem Teil ihrer gesammelten Pflanzen, von Humboldts Studien zum Jagdverhalten von Krokodilen, dem Aufstieg in die Höhen der Kordilleren auf einem alten Inkapfad sowie von der gescheiterten Besteigung des Pichincha.

Besteigung des Chimborazo

Während der anschließenden Besteigung des Chimborazo leiden Humboldt und Bonpland an Halluzinationen; Humboldt glaubt, den verschollenen Hund zu sehen. Kurz vor dem Erreichen des Gipfels werden sie durch eine Spalte am weiteren Aufstieg gehindert und steigen schließlich wieder ab. Vor dem Schlafengehen schreibt Humboldt noch einige Briefe, in denen er davon berichtet, höher als je ein Mensch zuvor gestiegen zu sein.

Der Garten (9)

Gauß und der Graf von der Ohe zur Ohe

Während seiner Arbeit als Landvermesser kommt Gauß eines Abends zu einem Herrenhaus, wo er mit dem Grafen Hinrich von der

Ohe zur Ohe über den Verkauf von drei Bäumen und eines Schuppens verhandeln muss, um weitere Messungen anstellen zu können. Der Graf lässt ihn in einem stinkenden „Loch" (S. 183) übernachten. Am nächsten Morgen trifft er im Garten auf den Grafen, der viel über ihn weiß, was Gauß stutzig werden lässt. Zu guter Letzt überlässt der Graf ihm ohne Gegenleistung die Bäume und den Schuppen. Während seiner weiteren Arbeit unterstützt ihn sein Sohn Eugen, der aus seiner zweiten Ehe mit Johannas Freundin Minna stammt, die er nicht aus Liebe, sondern aus rein pragmatischen Gründen geheiratet hat. Gauß behandelt seinen Sohn bei jeder sich bietenden Gelegenheit herablassend.

Die Hauptstadt (10)

Die Medien interessieren sich für Humboldt

Nach einer Schiffsfahrt im neuspanischen Acapulco angekommen, wartet dort der erste Reporter auf die Forscher; Journalisten werden von nun an ihre ständigen und lästigen Begleiter. Humboldt steigt in die Silbermine von Taxco und interessiert sich auffallend für die Findigkeit der Arbeiter, Silberklumpen an oder in ihrem Körper zu verstecken. Vor der Hauptstadt erwartet sie eine Delegation des Vizekönigs. Humboldt erforscht in den Ruinen die Kultur der Azteken und wird auch dabei von Reportern begleitet. Die Menschenopfer der Azteken schockieren ihn. Nach einem Abendessen mit dem Vizekönig unterhält sich Humboldt mit dem Conde de Moctezuma, dem Ururenkel des letzten Gottkönigs. Humboldt entdeckt in den Ruinen von Teotihuacan, dass die ganze Stadt einst als Kalender diente, und rätselt über das Nebeneinander von Zivilisation und Grausamkeit. Als sie den Vulkan Jorullo besteigen, gelingt es ihm, die Theorie des Neptunismus zu widerlegen.

Begegnung mit der Kultur der Azteken

Beim US-Präsidenten

Von Vera Cruz aus reisen sie schließlich nach Havanna, um von dort aus ein Schiff nach Philadelphia zu nehmen. In den USA erhält Humboldt eine Einladung des Präsidenten Thomas Jefferson zu einem Galadiner in Washington. Humboldt beantwortet bereitwillig Jeffersons Fragen nach der militärischen Stärke der Mexikaner. Zum Schluss möchte Humboldt nach Hause, womit er Paris meint und nicht etwa Berlin, wo er niemals wohnen wolle.

Der Sohn (11)

Gauß und Humboldt frühstücken

Dieses Kapitel schließt sich an das erste an und berichtet über die Geschehnisse im Hause Humboldts in Berlin. Gauß, Eugen und Humboldt sitzen zusammen beim Frühstück, und Humboldt erzählt von seiner Zeit in Paris nach seiner Rückkehr von der Expedition. Nach einer kurzen Meinungsverschiedenheit über den Erkenntnisfortschritt der Menschheit sind sich beide schnell darin einig, dass Kunst und Literatur abzulehnen seien, da sie nichts mit der Realität zu tun hätten. Nachdem Gauß wiederholt seinen Sohn Eugen beleidigt hat, verlässt dieser wütend das Haus. Humboldt, auf den Verbleib Bonplands angesprochen, erwähnt knapp, dass dieser aus politischen Gründen in Paraguay unter Hausarrest stehe.

Der Vater (12)

Eugens Verhaftung

Eugen macht einen Streifzug durch Berlin und lernt dabei zwei Studenten kennen, die ihn mit zu einem geheimen Treffen nehmen, auf dem ein Anhänger des Turnvaters Jahn spricht. Die national gesinnten Studenten lassen sich von dem Redner begeistern, in dem Eugen den Mann wiedererkennt, der ihnen auf ihrer Reise durch seine Störaktion die Einreise nach Preußen ermöglicht hat. Die Versammlung wird jedoch von der Obrigkeit entdeckt, von Polizisten aufgelöst; alle Teilnehmer, auch Eugen, werden verhaftet.

Der Äther (13)

Der Kongress

Humboldt hält auf dem Naturforscherkongress einen Vortrag über Astronomie. Sein Ziel ist es, mit Hilfe der von ihm gewonnenen

Erkenntnisse eine Ordnung des Kosmos zu erklären. Von Daguerre erfährt Gauß, dass sich jüngere Wissenschaftler bereits über Humboldts Ansichten lustig machen würden. Nach dem Vortrag trifft Gauß auf Humboldts Bruder Wilhelm, dessen Gesellschaft er allerdings schnell überdrüssig wird. Seine schlechte Laune bessert sich, als er den jungen Physiker Weber (und dessen attraktive Gattin) kennenlernt. Schon nach kurzer Zeit vereinbaren beide ein Treffen für den nächsten Tag. Gauß verlässt vorzeitig den Kongress, kann sich aber nur noch mit Mühe an den Weg zu Humboldts Wohnstätte erinnern, was er auf sein fortgeschrittenes Alter zurückführt. Nachdem schließlich auch Humboldt wieder zu Hause eingetroffen ist, streiten sich beide darüber, was wahre Wissenschaft sei, werden jedoch von der Nachricht unterbrochen, dass Gauß' Sohn Eugen verhaftet worden sei. Schließlich überzeugt Humboldt Gauß davon, noch in derselben Nacht etwas zu unternehmen, um Eugen zu befreien, bevor er am nächsten Tag der Geheimpolizei übergeben werde und nichts mehr für ihn zu machen sei.

Die Geister (14)

Auf einer spiritistischen Sitzung

Um den Gendarmeriekommandanten Vogt zu treffen, müssen Gauß und Humboldt an einer spiritistischen Sitzung teilnehmen, was Gauß als außerordentlich belustigend empfindet. Vogt erhält auf dieser Sitzung durch das Medium, ein junges Mädchen, nicht die erhoffte Information, führt aber anschließend ein kurzes Gespräch mit Humboldt über Eugens Freilassung. Da Vogt jedoch für seine Gefälligkeit Geld verlangt und Gauß darauf ziemlich ungehalten reagiert, scheitert der Versuch, Eugen zu befreien. Auf dem Heimweg machen sich die gealterten Forscher Gedanken über ihre Zukunft. Gauß möchte sich nunmehr mit der Experimentalphysik beschäftigen, während Humboldt erwägt, noch einmal eine Expedition nach Russland durchzuführen.

Gescheiterter Rettungsversuch

Die Steppe (15)

Die beiden Brüder

Humboldt nimmt von seiner Schwägerin an deren Sterbebett Abschied und führt ein offenes Gespräch mit seinem Bruder Wilhelm über ihr von Rivalität geprägtes Verhältnis. In einem Gespräch mit seinem Bruder denkt Humboldt über das Alleinsein nach. Vor seiner geplanten Expedition nach Russland besucht er noch König Friedrich Wilhelm, der ihm mahnend mit auf den Weg gibt, sich nicht in die politischen Angelegenheiten Russlands einzumischen. Die Reise verläuft jedoch nicht so, wie Humboldt sie sich vorgestellt hat. Er wird von seinen ihm mitgegebenen Begleitern nebst militärischer Eskorte dauernd daran gehindert, seine Forschungen selbst durchzuführen, stattdessen werden ihm, wo immer er eintrifft, vorbereitete Proben übergeben; er kann auch Gauß nicht unterstützen, zur Erforschung des Magnetfeldes an bestimmten Stellen die verabredeten Messungen durchzuführen. Die meiste Zeit muss Humboldt damit verbringen, gesellschaftliche Verpflichtungen wahrzunehmen. Gauß widmet sich unterdessen in Göttingen der Erforschung des Erdmagnetismus, wobei ihn Weber unterstützt. Wenn er allein ist, denkt Gauß nun häufiger über sein fortgeschrittenes Alter nach und über das unausweichliche Schicksal, irgendwann sterben zu müssen. Obwohl Humboldt und Gauß räumlich getrennt sind, fühlen sie sich dennoch in Gedanken eng miteinander verbunden und tauschen Briefe aus.

Die Russland-Expedition

Das Alter und der Tod

Der Baum (16)

Eugens Verbannung nach Amerika

Im letzten Kapitel spielt Gauß' Sohn Eugen die Hauptrolle. Nachdem sich der Gendarmeriekommandant Vogt mit zwei wuchtigen Ohrfeigen an Eugen am Morgen nach seiner Verhaftung in dessen Zelle für das Verhalten seines Vaters gerächt hat, kommt es noch zu einem letzten Zusammentreffen von Vater und Sohn vor Eugens Verbannung. Während der Reise zum Hafen erkennt Eugen, dass er

3000 Jahre alter Drachenbaum von Icod – Wahrzeichen von Teneriffa
© ullstein bild – imagebroker.net/ Werner Otto

mit zunehmendem Alter seinem Vater immer ähnlicher wird. Über England und Teneriffa, wo ihn, wie es Jahrzehnte zuvor Humboldt geschehen ist, der Drachenbaum beeindruckt, gelangt er schließlich nach Amerika. Der Roman endet, als Eugen das amerikanische Festland vom Schiff aus erblickt und ihm ein irischer Mitreisender anbietet, mit ihm zusammen ein Unternehmen zu gründen.

3.3 Aufbau

ZUSAMMEN-
FASSUNG

→ Der Hauptteil des Romans (Kapitel 2–10) besteht aus den sich abwechselnden und getrennt voneinander erzählten Lebensgeschichten von Humboldt und Gauß.
→ Das 1. Kapitel mit Gauß' Reise nach Berlin zum Naturforscherkongress sowie die sich chronologisch ans erste Kapitel anschließenden Kapitel 11–14, die Gauß' Aufenthalt bei Humboldt in Berlin beschreiben, bilden die Rahmenhandlung.
→ Das 15. Kapitel erzählt das weitere Schicksal der beiden Forscher nach dem Kongress.
→ Das 16. und letzte Kapitel beschäftigt sich – im Anschluss an Kapitel 14 – mit dem Schicksal von Gauß' Sohn Eugen, der in Berlin verhaftet und anschließend in die Verbannung geschickt wird.

Die Kapitel und ihre Handlung auf verschiedenen Zeitebenen

KAPITEL	SEITEN	EREIGNIS	ZEITEBENE	JAHR
Kapitel 1	7–17	Reise zum Naturforscherkongress	**Gegenwart (1)**	1828
Kapitel 2–10	19–214	Chronologische Lebensgeschichten von Humboldt und Gauß	**Vergangenheit**	ab ca. 1775
Kapitel 11–14	215–262	Erlebnisse von Gauß, Eugen und Humboldt in Berlin	**Gegenwart (2)**	1828

KAPITEL	SEITEN	EREIGNIS	ZEITEBENE	JAHR
Kapitel 15	263–293	Humboldts Expedition nach Russland, Gauß erforscht den Erdmagnetismus	**Gegenwart (3)**	1828/ 1829
Kapitel 16	295–302	Eugens Aufbruch von der alten in die neue Welt	**Zukunft**	1830

Der Roman wird in 16 Kapiteln erzählt, die eine unterschiedliche Länge aufweisen. Die Kapitelüberschriften beginnen jeweils mit einem Artikel und einem folgenden Nomen. Den **Hauptteil** des Romans bilden die in den Kapiteln 2–10 alternierend erzählten Lebensgeschichten von Gauß und Humboldt und ihre jeweiligen Versuche, die Welt zu vermessen, in den Jahren vor dem Naturforschungskongress 1828 in Berlin, zu dem Humboldt Gauß eingeladen hat. Dieser bevorstehende Kongress bildet mit dem 1. und 11. Kapitel dazu den **Rahmen.** Vom Umfang her machen Kapitel 2–10 etwa zwei Drittel des gesamten Romans aus. Ab dem 11. Kapitel sind mit dem Eintreffen von Gauß in Berlin beide Protagonisten vereint, und eine getrennte Betrachtung wie in den Kapiteln 2–10 entfällt.

16 Kapitel mit Rahmen und Hauptteil

In den Kapiteln 11–14 werden die Ereignisse auf und um den Naturforscherkongress in Berlin beschrieben, wobei Eugen besondere Aufmerksamkeit zuteil wird. Von seinem Vater beschimpft, verlässt er wütend Humboldts Haus und nimmt an einer verbotenen Versammlung national gesinnter Studenten teil, was jedoch zu seiner Verhaftung führt. Der anschließende Versuch der beiden Forscher, seine Entlassung aus dem Gefängnis zu bewirken, misslingt aber zunächst, Eugens Schicksal bleibt im Ungewissen.

Die Berlin-Kapitel 11–14

Im 15. Kapitel widmen sich Gauß und Humboldt nun wieder ihren Forschungen im Anschluss an den Kongress: Sie sind in der Zeit nach 1828 zwar wieder räumlich voneinander getrennt, halten

Das vorletzte Kapitel

jedoch brieflichen Kontakt und tauschen sich über ihre Zukunftspläne aus. Beide werden sich jedoch bewusst, dass sie für die neue, moderne Welt zu alt geworden sind und selbst nicht mehr viel bewegen können. Der Roman gibt aber in seinem letzten Kapitel auch einen hoffnungsvollen Ausblick.

Das letzte Kapitel

Das 16. Kapitel schließt noch einmal an das 14. an: Nachträglich erfährt der Leser, dass es Humboldt 1828 in Berlin schließlich doch noch gelungen ist zu erreichen, dass Eugens Bestrafung zumindest in eine lebenslange Verbannung umgewandelt wird. Eugen hat sich von seinem Vater emanzipiert und wird sein Glück in Amerika versuchen. Er nimmt aber Erfahrungen von Gauß und Humboldt aus seiner „alten Welt" mit auf seinen Weg in die „neue Welt" und seine eigene Zukunft. Ist es in Bezug auf seinen Vater die Erfahrung, erst lange warten zu müssen, bevor er von seinen langsamer denkenden Mitmenschen Antworten erhält, so ist es beim Halt während der Überfahrt auf Teneriffa die Begegnung mit dem alten Drachenbaum, der schon Humboldt durch seine zeitliche Beständigkeit faszinierte.

Zur Erzählweise

Kehlmann war nach eigener Aussage schon früh fasziniert vom Erzählgestus lateinamerikanischer Schriftstellern. Dieser zeichnet sich für ihn aus durch ein scheinbar unstrukturiertes sprudelndes Erzählen, das

> „Wegwerfen von kleinen und kleinsten Geschichten, die alle gleich wichtig scheinen und die man achtlos fallenlässt, als wäre die Welt so voll von Geschichten, dass es auf jede einzelne kaum ankommt".[9]

---

9 Vgl. Kehlmann, *Diese sehr ernsten Scherze*, S. 40.

Durch die Nachahmung dieses lateinamerikanischen Erzählgestus schafft Kehlmann eine Art „Anti-Weimar-Gestus (…), die Gegenposition zur Erzählfeindlichkeit der Figuren“[10]: Seine Protagonisten Gauß und Humboldt leben in einer Welt, in der Kunst keine Rolle spielt, und bemühen sich so sehr um neue Forschungsergebnisse, dass sie für das Sozialleben mehr oder weniger untauglich werden. Diesen tendenziell asozialen, egozentrischen, von ihren Forschungen besessenen Protagonisten, die andere Menschen in bestimmten Situationen missachten (z. B. äußert sich Gauß in Weimar gegenüber dem Geisteswissenschaftler Wilhelm von Humboldt verächtlich über die Sprachwissenschaften, vgl. S. 159), setzt Kehlmann den „magischen Realismus“, also die Vermischung von Realität und Fiktion, Wahrheit, Fiktion und Mythos südamerikanischer Erzähler entgegen, wobei er mit dieser Heterogenität im Erzählgestus seines Romans eine Grundironie schafft, die zudem auch noch einen komischen Grundton aufweist.

---

10 Ebd.

3.4 Personenkonstellation und Charakteristiken

ZUSAMMENFASSUNG

Die beiden **Hauptpersonen** sind

Alexander von Humboldt
→ wohlhabend, adelig, hat einen älteren Bruder,
→ von den Werten und Moralvorstellungen von Aufklärung und Weimarer Klassik geprägt, ehrgeizig und zielstrebig, kaltblütig und leidensfähig,
→ hat unterdrückte homosexuelle Neigungen,
→ bereist Südamerika zu Forschungszwecken,
→ wird zu einem weltberühmten Entdecker.

Carl Friedrich Gauß
→ stammt aus ärmlichen Verhältnissen,
→ starke emotionale Beziehung zu seiner Mutter,
→ Theoretiker, der von seinem Schreibtisch aus forscht,
→ Astronom und begnadeter Mathematiker,
→ unterwirft sich nur ungern Regeln und Normen,
→ zweimal verheiratet, zuletzt unglücklich, hat vier Kinder,
→ besucht regelmäßig die Prostituierte Nina.

Wichtige **Nebenfiguren** sind Alexanders Bruder Wilhelm, sein Reisebegleiter Aimé Bonpland und Gauß' Sohn Eugen.

Alexander von Humboldt

Frühe Todeserfahrung verändert Alexander

Er ist Wilhelms jüngerer Bruder. Im Gegensatz zu Wilhelm ist Alexander als Kind eher schwächlich und wortkarg. Beide Brüder werden von Privatlehrern unterrichtet, wobei Alexanders Noten zu-

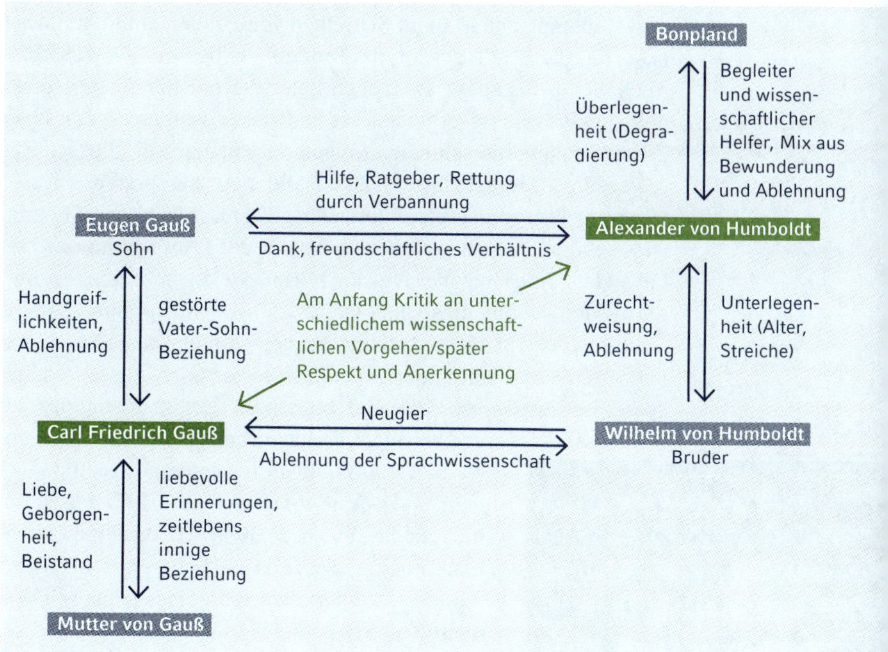

nächst nur mittelmäßig sind (vgl. S. 20), erst seine Todeserfahrung nach dem Unfall auf dem gefrorenen See verändert ihn grundlegend. Beide Brüder besuchen schon früh den Salon von Henriette Herz, wo sie sich mit anderen gebildeten Leuten treffen, über Gott und ihre Gefühle sprechen und einander Briefe schreiben.

„Herzensbildung" im Salon

Kunth, als Haushofmeister für die Ausbildung der Brüder verantwortlich, begründet die Notwendigkeit, in Henriettes Salon zu verkehren, damit, dass diese Zusammenkünfte ihrer „Herzensbildung" dienen sollen. Beim Schreiben von Briefen sind dann, wie erwartet, die Briefe des älteren Bruders die besseren (vgl. S. 23). Auch wenn Alexander anfänglich unter der geistigen Überlegenheit seines Bruders zu leiden hat, entwickelt er mit der Zeit eine Zielstrebigkeit, die seinem beruflichen Fortgang sehr hilfreich ist. Als er eines Tages beim Botaniker Wildenow zum ersten Mal getrocknete Tropenpflanzen untersucht, teilt er Kunth mit, dass er nun wisse, womit er sich befassen wolle: mit der Erforschung des Lebens (der Natur), um die seltsame Hartnäckigkeit zu verstehen, mit der es den Globus umspanne (vgl. S. 26). Nach Abschluss seines Studiums erwirbt Alexander zunächst den Amtstitel eines Assessors beim Berg- und Hüttendepartment, bevor er nur wenige Monate später Bergwerksinspektor wird. Immer auf sein Erscheinungsbild und korrektes Verhalten bedacht, trägt er von nun an die Uniform, die er bei seinem Abschluss erhielt, und legt sie aus Gründen der Selbstdisziplin nicht mehr ab (vgl. S. 30 f.). Schon seine ersten Experimente zeigen, dass er Schmerzen nicht nur ignoriert, sondern fast schon masochistisch genießt (vgl. S. 31 ff.).

Verbissenheit und Selbstdisziplin

Alexander von Humboldt im Jahr 1806, gemalt von Friedrich Georg Weitsch

Für Frauen interessiert sich Alexander nicht. Als er Bonpland in Spanien mit einer Frau erwischt, erklärt er – dem Denken der Aufklärung verpflichtet – seinem Reisebegleiter empört, dass der Mensch doch kein Tier sei (vgl. S. 48). Seine sexuellen Neigungen – seine nicht ausgelebte Homosexualität – gibt er erst im Alter gegenüber seinem älteren Bruder zu, als er auf die Frage Wilhelms, ob es denn immer noch die Knaben seien, mit der Rückfrage „Das hast Du gewusst?"

antwortet (vgl. S. 264). Er gesteht, sich mit der Unterdrückung seiner Neigungen entsetzliche Gewalt anzutun.

Unterdrückte Homosexualität

Nach dem Tod seiner Mutter verwirklicht er umgehend seinen Traum, als Forscher und Entdecker Südamerika zu bereisen. Den Bedienten vor dem Schloss erscheint er zwar arg erschüttert vom Tod der Mutter, doch ist dies gespielt; in Wirklichkeit ist er noch nie so glücklich gewesen, da er nun von allen Verpflichtungen befreit endlich in die Neue Welt reisen und sich mit dem Erbe seine erforderlichen Messinstrumente kaufen kann (vgl. S. 36). Schon beim Ausprobieren seiner Instrumente und beim Vermessen jeden Salzburger Hügels zeigt sich, dass er trunken vor Enthusiasmus ist, wenn es um die Genauigkeit von Messungen geht (vgl. S. 38 f.). Mit seinem Reisebegleiter und Botaniker Aimé Bonpland macht er sich schließlich auf den Weg nach Spanien, wobei er bereits auf dem Weg dorthin jeden Hügel vermisst und jeden Berg erklimmt (vgl. S. 41). Im weiteren Verlauf der Reise ignoriert er beharrlich sämtliche gesundheitlichen Risiken und Gefahren, um seine Ziele, Fakten zu ordnen und Messungen durchzuführen, zu verwirklichen. So wenig Rücksichten wie auf seine Gesundheit nimmt er auch auf die Bräuche der einheimischen Urwaldstämme. Da er nur sein eigenes idealistisches Wertesystem gelten lässt, macht er selbst davor nicht halt, Indianerleichen zu wissenschaftlichen Zwecken mitzunehmen. Seinen Begleiter provoziert Humboldt zunehmend mit seiner Humorlosigkeit (vgl. S. 111, 134).

Tod der Mutter ermöglicht Verwirklichung seines Lebenstraumes

Lust an Messungen

Rücksichtsloser Idealist

Humorlosigkeit

Im Alter und um viele Erlebnisse und Erfahrungen reifer, setzt er sich schließlich auch mit dem Tod auseinander, den er nun als zum Leben dazugehörend zu akzeptieren scheint. Er beschreibt ihn als die sich über Jahre dehnende Erschlaffung; die Zeit, in der ein Mensch noch da ist und zugleich nicht mehr und in der er, ist auch seine Größe lange dahin, noch vorgeben kann, es gäbe ihn (vgl. S. 263). Vorbei ist die Zeit, als er als junger Mann auf Teneriffa

Erfahrung von Alter, Zeit und Tod

in den Gärten von Orotava von dem uralten Drachenbaum fasziniert war, weil der Baum die Zeit abzuwehren schien (vgl. S. 47). Seine letzte Expedition führt schließlich nach Russland, wo Alexander jedoch einer vorher vom Zaren bewilligten Route zu folgen hat und zudem noch eskortiert, besser gesagt: bewacht wird. Die Reise besteht hauptsächlich aus Empfängen, da er sich nicht frei zu Forschungszwecken bewegen und auch nicht improvisieren kann, wie dies ein Forscher eigentlich tun müsste (vgl. S. 271).

Wilhelm von Humboldt

Zu Beginn überlegen

Er ist Alexanders älterer Bruder. Er ist ihm zunächst geistig überlegen, sieht aus „wie ein Engel", kann reden „wie ein Dichter" und schon früh „altkluge Briefe an die berühmtesten Männer des Landes" schreiben (S. 20). Gegenüber Alexander zeigt er sich jedoch von seiner teuflischen Seite: Einmal sperrt er ihn in einen Schrank, das andere Mal mischt er ihm Gift ins Essen, was niemand ihm zutrauen würde. Sei es aus Strafe, um seinen Bruder zu größeren Anstrengungen im Unterricht zu bewegen, oder sei es, um Alexander endgültig loszuwerden: Wilhelm lockt ihn einmal sogar auf einen gefrorenen See und schaut ihm „mit seinen Händen in den Taschen" vom Ufer aus zu, wie Alexander einbricht und sich retten muss (vgl. S. 25).

Frühe Rivalität und Mordversuche

„Von nun an wurden seine [Alexanders] Noten besser" und er „arbeitete konzentriert". (S. 25) Während Alexander an der Bergbauakademie studiert und erste schmerzhafte Selbstversuche unternimmt, widmet sich sein älterer Bruder verstärkt der Literatur und heiratet. Alexander schlägt die Einladung zur Hochzeit jedoch mit dem Hinweis aus, „dass er nicht kommen könne, ihm fehle Zeit" (S. 30). Wilhelms Verhältnis zu seiner Mutter scheint nicht sehr innig zu sein (was die Brüder offenbar verbindet). Am Sterbebett der Mutter ist nur Alexander anwesend, Wilhelm lässt sich entschuldigen, er könne „wegen dringender Geschäfte in Weimar" nicht kommen (vgl. S. 35). Später treffen sich beide in Paris, wo Wilhelm als Privatmann lebt, „um seine verwirrend klugen Kinder nach einem strengen, selbstentwickelten System zu erziehen" (S. 38). Das Verhältnis zwischen beiden ist jedoch weiterhin durch **Kühle und Distanz** gekennzeichnet. Vor der Abfahrt Alexanders nach Spanien, um zu seiner großen Forschungsreise aufzubrechen, verabschieden sich beide mit der kühlen Bemerkung, man werde sich schon wiedersehen: „in dieser oder der anderen Welt. Im Fleische oder im Licht" (S. 41).

„Im Fleische oder im Licht"

Während Alexander in den folgenden Jahren Lateinamerika bereist, widmet sich Wilhelm, der seiner Ansicht nach die „beste Erziehung genossen" habe, der Reformierung des deutschen Schulsystems „als Direktor der Unterrichtssektion im Innenministerium" (S. 158) und wird Gründer der Berliner Universität. Bei einem Theaterbesuch im Weimar trifft er auf Gauß und wird von diesem mit seinem (inzwischen weltberühmten) Bruder Alexander verwechselt, worauf Wilhelm „säuerlich" antwortet, dass ihm dies „nicht zum ersten Mal passiere" (S. 159).

Der „anständige" der Brüder

Nach den Freiheitskriegen gegen Frankreich ist Wilhelm unter den Studenten sehr beliebt. Seine Universität genießt einen ausgezeichneten Ruf, und verglichen mit seinem Bruder Alexander sei Wilhelm „der anständige" und „nicht der Franzosenknecht, der den Krieg über in Paris gehockt habe" (S. 228). Auf dem Naturforscherkongress wird Wilhelm als „ein dünner, alter Herr mit wächsernem Gesicht und unnatürlich aufrechter Haltung" (S. 241) beschrieben. Im Alter kommen sich beide Brüder jedoch näher. Am Sterbebett seiner Schwägerin sieht diese ihren Mann und seinen Bruder an, und es fiel „ihr schwer, die beiden zu unterscheiden (...). Für einige Zeit vergaßen sie völlig, geradezusitzen und klassische Dinge zu sagen." Die Brüder sind sich im Alter vertrauter geworden, Alexander hält „die Hand des Älteren“ (alle S. 263), und sie reden über (Todes-)Ängste im Alter und die allgemeine Langeweile. Bei der Verabschiedung ist man sich wieder sicher, dass man sich so oder so wiedersehen werde, denn noch einmal heißt es: „Im Fleische oder im Licht“ (S. 264). Vor der letzten Expeditionsreise Alexanders schickt ihm Wilhelm noch einen Brief, in dem er sich für „Besuch und Beistand“ bedankt (S. 265). Die neue Vertrautheit zwischen beiden wird unterstrichen durch die Anmerkung im Brief:

Rivalität als unbewusste Motivation

> „Beide meinten wir, das unsere sei die ganze Welt. Nach und nach wurden die Kreise kleiner, und wir mussten begreifen, dass das eigentliche Ziel unserer Bemühungen nicht der Kosmos, sondern bloß der andere war.“ (S. 266)

Abschließend bittet Wilhelm Alexander, den Brief nicht mit der restlichen Korrespondenz „auf die Zukunft kommen zu lassen“, was sein Vertrauen in seinen jüngeren Bruder verdeutlicht (vgl. S. 266).

Aimé Bonpland

Der Reisepartner

Er ist Franzose und stammt aus La Rochelle. Die Bekanntschaft mit Alexander von Humboldt macht er im 2. Kapitel durch Zufall in Paris, als er betrunken auf der Treppe von Humboldts Wohnhaus sitzt. Die beiden kommen ins Gespräch, und Bonpland erzählt ihm, dass er Militärarzt geworden sei und Botanik studiert habe. Er liebe Tropenpflanzen und ziehe den Tod vor, wenn er wieder zurück nach La Rochelle müsste (vgl. S. 39 f.). Da Humboldt einen Reisegefährten sucht und Bonpland ungebunden und an Expeditionen interessiert ist, werden beide Partner – und „jeder für den anderen wichtiger (...) als irgendein Mensch sonst“ (S. 40).

Gespanntes Verhältnis, gegensätzliche Charaktere

Das Verhältnis zwischen beiden kann im weiteren Verlauf des Romans als zwiespältig und gespannt bezeichnet werden, so ge-

gensätzlich sind beide Charaktere. Bonplands Kontakte zu Frauen missbilligt Humboldt auf Schärfste und weist ihn zurecht. Anders als der asketische lebende Alexander spricht Bonpland auch dem Alkohol gerne und oft zu (vgl. S. 39, 117). Im Gegensatz zu Humboldt verhält er sich oft „menschlicher". So bemerkt er erstaunt, dass sich Humboldt nach der Verabschiedung von seiner Schwägerin und seinem älteren Bruder in Paris nicht ein einziges Mal umdreht (vgl. S. 41). Beim Ritt nach Madrid wundert er sich, warum sie nicht einfach die Landstraße nehmen, sondern jeden Hügel am Wegrand vermessen müssen. Humboldt erwidert, dass es nicht um die Straße gehe, sondern ums Prinzip (vgl. S. 42).

Lebensfroh

Kein Prinzipienreiter

Bonplands Emotionalität wird deutlich, als in Caracas ihnen zu Ehren ein Konzert gegeben wird und er Tränen in den Augen hat, während Humboldt nicht zu wissen scheint, wie er sich verhalten soll, da ihm Musik nie viel „gesagt" hat (vgl. S. 102). Ist Bonpland anfangs noch Humboldts gleichrangiger Reisebegleiter, so wird er später in Spanien vor der Weiterfahrt in die Tropen von Humboldt ungefragt zu seinem Assistenten degradiert. Dies fällt Bonpland auf, als er sich die Papiere ansieht, die beide vom spanischen Minister Manuel de Urquijo ausgehändigt bekommen haben. Alexander spielt dies zwar als Versehen herunter, doch sind die hierarchischen Verhältnisse während der weiteren Reise damit geklärt (und manifestieren sich gegen Ende der Reise zu Bonplands Verdruss in den ersten Berichterstattungen in den Zeitungen, vgl. S. 197). Zeitweilig äußern sich Bonplands unterdrückte Aggressionen gegen den rücksichts- und humorlosen Humboldt aber in Mordfantasien, die er nur mühsam unterdrücken kann (vgl. S. 163). Dennoch lässt sich in bestimmten Situationen auch eine gewachsene Intimität zwischen beiden erkennen, die die oft von Humboldt gezeigte Gefühllosigkeit gegenüber Bonpland zumindest kurzzeitig vergessen macht. So bezeichnet Humboldt Bonpland einmal als „Freund", nachdem

Nur „Assistent"

„Freund"?

dieser ihm beim Besteigen des Chimborazo das Leben gerettet hat (vgl. S. 171).

Im Urwald, als Bonpland, den die Strapazen der Reise gesundheitlich stark mitnehmen, an einer fiebrigen Erkrankung leidet, gesteht sich Humboldt ein, dass er Bonpland „braucht“ (vgl. S. 135). Bonpland sieht jetzt dünner und trotz der Sonne blass aus, hat die ersten Falten „und deutlich weniger Haare als noch vor ein paar Jahren“ (S. 196). Sogar das Essen fällt ihm nun schwer, da ihm etliche Zähne fehlen (vgl. S. 197). Nach der Weiterreise nach Philadelphia und einem Empfang beim US-Präsidenten Jefferson schlägt Bonpland schließlich vor, nach Europa zurückzukehren.

Tragisches Lebensschicksal

Als beide wieder in Paris ankommen, zieht es Bonpland aber schon nach kurzer Zeit wieder zurück nach Paraguay, da er sich in der Heimat nicht mehr zurechtfindet. Dort steht er aber am Ende unter Hausarrest, da er sich in einem der Bürgerkriege der falschen Seite angeschlossen hat. Sein Leben habe nach Ansicht von Humboldt schließlich „Klarheit und Richtung verloren, die einzige Sache, die einem nie hätte passieren dürfen.“ (S. 225) Schon zu einem früheren Zeitpunkt im Roman erfahren wir, dass er sein restliches Leben „mittellos und gefangen in der Einsamkeit Paraguays“ verbringen wird (S. 174).

Carl Friedrich Gauß

Er ist Einzelkind und stammt aus ärmlichen Verhältnissen. Seine Mutter ist Hausfrau und sein Vater Gärtner (vgl. S. 53). Im Gegensatz zu Humboldt legt er wenig Wert auf sein äußeres Erscheinungsbild. Schon am Anfang des Romans erfahren wir, dass der Forscher im Alter vor dem Aufbruch zum Naturforscherkongress in Berlin „notdürftig gewaschen“ (S. 7) die Treppe hinuntergeht. Dem Knaben läuft oft die Nase, und er muss schniefen (vgl. S. 57), oder er holt ein „sehr schmutziges Taschentuch hervor“, um sich zu schneu-

Carl Friedrich Gauß am Nadeltelegraphen von 1833 © akg-images

zen (S. 61). Gegenüber seiner Mutter empfindet er zeitlebens eine starke Zuneigung. „Er war gefallen, sie tröstete ihn; er weinte, sie wischte die Tränen weg; er konnte nicht schlafen, sie sang ihm vor" (S. 53). Auch später, als Erwachsener im Gespräch mit dem Herzog von Braunschweig, wird Gauß rot, als der Herzog auf seine Mutter zu sprechen kommt, weil er sie so liebt (vgl. S. 146). Er fühlt sich machtlos, wenn er sieht, wie ihre Augen immer weniger Glanz haben, ihre Haut an Spannung verliert und sich jedes Jahr auf ihrem Gesicht neue Falten bilden (vgl. S. 54). Gegenüber seinem Vater entwickelt er dagegen keine enge emotionale Bindung und bekommt von ihm nur einen einzigen Ratschlag mit auf seinen Lebensweg:

Liebe zur Mutter

was auch geschehe, sich aufrecht zu halten (vgl. S. 53 f.). Gauß weiß sich seinem Vater von früher Kindheit an intellektuell überlegen und korrigiert ihn beim Abzählen des Lohnes. Später stimmt sein Vater nur „unwillig" zu, seinen Sohn auf Anraten seines Lehrers aufs Gymnasium zu schicken und nicht in einer Spinnerei arbeiten zu lassen (vgl. S. 59).

Gesundes Selbstbewusstsein

Gauß entwickelt ein gesundes Selbstbewusstsein und schüttelt zum Beispiel den Kopf, als der Pastor ihn bei ihrem ersten Mittagessen fragt, ob ihm das Lernen schwerfalle. Daraufhin rät ihm der Pastor, „demütig" zu bleiben, wie klug man auch sei. Gauß hingegen entschuldigt sich auch auf Aufforderung nicht für sein Verhalten, sondern erwidert, dass es für ihn nicht logisch sei, dass man sich bei Gott dafür entschuldigen solle, wie man sei und wie Gott einen geschaffen habe (vgl. S. 60 f.). Als der berühmte Ballonfahrer Pilâtre de Rozier sich in Gauß' Heimatstadt Braunschweig aufhält und Gauß ihn in seinem Gasthof aufsucht und bittet, ihn bei einer Vorführung für den Herzog im Ballon mitfliegen zu lassen, antwortet dieser zunächst mit: „Und nein, natürlich könne keiner mitfahren." (S. 64) Er revidiert jedoch seine Entscheidung, als Gauß ihm versichert, dass sein Name nicht unbekannt sei und er in Kürze so große Entdeckungen machen werde wie Isaac Newton, und er viel über Sterne wisse (vgl. S. 64 f.).

Nach seinem Studium der Mathematik und seiner Promotion wird Gauß schließlich vorübergehend Landvermesser, um sich seinen Lebensunterhalt zu verdienen und die Arbeit an seinem Lebenswerk, der *Disquisitiones Arithmeticae* zum Abschluss zu bringen. Als

Johanna

Landvermesser auf freiem Feld lernt er seine spätere Frau Johanna kennen: „Es schien, als wäre sie schon immer in seiner Nähe und nur durch Tarnung oder eine Schwäche seiner Aufmerksamkeit vor

Geistige „Trägheit" der anderen

ihm verborgen gewesen." dass (S. 90) Dass was Gauß bei Begegnungen mit anderen Personen missfällt, ist, sie langsamer denken als er und sich (aus seiner Sicht) unsäglich viel Zeit für eine Antwort nehmen (vgl. S. 53). Johanna hingegen antwortet oft schon, bevor er zu Ende gesprochen hat (vgl. S. 91). Er begehrt sie von Anfang an und zieht sogar ins Kalkül, sich das Leben zu nehmen, wenn sie auch seinen zweiten Heiratsantrag ablehnt. Als ihm später ein Bote einen Brief von ihr bringt, teilt Johanna ihm jedoch mit, dass sie nun bereit sei, ihn zu heiraten. Gauß' Furcht vor einer zweiten Enttäuschung ist groß, da sie seinen ersten Heiratsantrag noch mit der Begründung abgelehnt hat, „dass man in seiner Nähe zur Blässe und Halbwirklichkeit eines Gespensterdaseins verurteilt sei" (S. 93).

Regelmäßiger Bordellgänger

Im Gegensatz zu Humboldt, der seine (homo-)sexuellen Neigungen unterdrückt, genießt Gauß unbeschwert regelmäßige Bordellbesuche. Dabei fühlt er sich besonders zu Nina, einer Prostituierten aus Sibirien, hingezogen (vgl. S. 86). Selbst zwei Tage vor seiner Hochzeit reist er nach Göttingen, um Nina „ein letztes Mal" zu besuchen (S. 147). Später zieht er dann mit seiner Frau Johanna nach Göttingen, da man ihm das Angebot unterbreitet hat, ein noch zu errichtendes Observatorium zu leiten. Damit ergibt sich für Gauß die Möglichkeit, sich fortan der besseren Bezahlung wegen der Astronomie zu widmen. Längst verheiratet und inzwischen Vater geworden, besucht er Nina nun wieder regelmäßig, und sie empfängt ihn „mit der Vertrautheit einer Ehefrau" (S. 155). Bei der Geburt seines dritten Kindes verstirbt seine von ihm dennoch zeitlebens geliebte und verehrte Frau Johanna in seinem Dasein im Kindbett. In seiner Erinnerung fordert ihn die Sterbende noch auf, „nicht zu lange traurig zu sein, man lebe, dann sterbe man, so sei es nun einmal." (S. 161) Gauß ist sich bewusst, dass er erneut heiraten muss, denn er hat Kinder und weiß nicht, wie man sie aufzieht, und kann auch einen Haushalt nicht führen. Dienstboten kann er sich nicht leisten (vgl. S. 161). So heiratet er schließlich Johannas Freundin

Johannas Tod

Minna

Minna, die ihm in seiner Situation als eine vernünftige Alternative zu Johanna erscheint. Später gesteht er sich, dass das Problem nicht sei, dass er sie nicht liebt, sondern dass er sie nicht ausstehen kann. Ihre Nähe macht ihn nervös und unglücklich. Schon ihr Anblick lässt bei ihm Todeswünsche wachwerden (vgl. S. 193). Später im Alter wird er jedoch milder und bringt es sogar fertig, Minna „ohne Abneigung anzusehen" (S. 267).

Verhältnis zu seinem Sohn Eugen

Bei seiner Arbeit als Landvermesser Jahre später wird er von Eugen, seinem Sohn aus der Ehe mit Minna, unterstützt. Gauß behandelt ihn jedoch herablassend und hält wenig von seinen literarischen Interessen. Im Gespräch mit Humboldt in dessen Haus in Berlin 1828 bezeichnet er Eugen gar als schlechten Wissenschaftler und noch schlechteren Literaten (vgl. S. 222). Gauß, der politisch desinteressiert ist, hält nichts von den freiheitlichen Idealen seines Sohnes und zeigt auch kaum Aktivität, seinen Sohn zu befreien, als dieser in Berlin bei einer politischen Versammlung von Studenten verhaftet wird. Es ist der Initiative Humboldts zu verdanken, dass Eugen schließlich „nur" nach Amerika verbannt wird. Erst später im Alter zeigt Gauß sich seinem Sohn gegenüber milder eingestellt und besinnt sich darauf, dass Eugen ihm fehlt. Er räumt bei der letzten Begegnung zwischen den beiden auch indirekt sein Fehlverhalten ein. Als Eugen seinem Vater weinend gegenüber gesteht, dass er eigentlich gar nicht weg wolle, antwortet Gauß schließlich: „Geschehen sei geschehen" (S. 296), klopft ihm geistesabwesend auf die Schulter und schiebt etwas Geld unter sein Kopfkissen.

Gegensätzliche Wissenschaftlertypen

Als Wissenschaftler unterscheiden sich Humboldt und Gauß stark voneinander. Während Humboldt wie ein Abenteurer in der Welt herumreist, in Höhlen, Bergwerke und Vulkankrater kriecht, um Fakten und Daten zu sammeln, ist Gauß eher der Theoretiker, der ungern reist und lieber „allein am Schreibtisch" sitzt, „ein Blatt Papier vor sich, allenfalls noch ein Fernrohr" und vor dem Fenster den klaren Himmel hat (vgl. S. 247). Mit dem Tod und dem unaufhaltsamen Prozess des Alterns wird Gauß schon früh in Bezug auf seine Mutter konfrontiert. Selbst alt geworden, sieht er den Tod jedoch als Chance auf Erkenntnisgewinn an, denn „dann würde er begreifen, was Raum und Zeit waren, was die Natur einer Linie, was das Wesen einer Zahl." (S. 282)

Alter und Tod

Eugen Gauß

Er ist der Sohn aus Gauß' zweiter Ehe mit Minna, Johannas früherer Freundin. Als junger Mann assistiert Eugen seinem Vater bei dessen Landvermessungen und beginnt ein Studium der Mathematik und Juristerei, das er jedoch nicht abschließt. Von seinem Vater wird er bei jeder sich bietenden Gelegenheit beleidigt und von ihm als „Versager" und „Esel" bezeichnet (vgl. S. 9/184). Auch ist er in den Augen des Vaters nur mittelmäßig begabt (vgl. S. 12). An einer weiteren Textstelle wird erwähnt, dass Gauß sich selbst zwar von klein auf an die Trägheit der Menschen gewöhnt hat, er aber dies bei seinem eigenen Sohn nicht durchgehen lassen will (vgl. S. 194). Die Folge ist ein „Klaps auf die Wange", der auch ein wenig zu fest gerät (vgl. S. 194). Auch Eugens Vorliebe für Lyrik und patriotische Bücher wie die des Turnvater Jahns wird von seinem Vater lächerlich gemacht (vgl. S. 9), der auch Eugens politischer Gesinnung nichts abgewinnen kann, was darin zum Ausdruck kommt, dass er nur zögerlich, zunächst sogar gleichgültig handelt, als Eugen in Berlin verhaftet wird. Eugen selbst kommt schließlich zu der Erkenntnis, dass sein Vater vieles geliebt habe, bloß nicht ihn (vgl. S. 300). Zu seiner Mutter hat er ein liebevolles Verhältnis; nach Gauß hänge sie „ganz idiotisch an dem Jungen" (S. 261).

Gilt seinem Vater als Versager

Im letzten Kapitel des Romans, nach Eugens Freilassung aus der Haft und der bevorstehenden Verbannung nach Amerika, erleben wir Gauß' Sohn nicht mehr als fremdbestimmte Person, die er zeitlebens war, sondern als gereifte Persönlichkeit. Er hat nicht nur sein Äußeres verändert, sondern steckt nun auch voller Selbstvertrauen und hat sich endgültig vom Vater emanzipiert. Er trägt jetzt einen Bart und kommt sich zum ersten Mal nicht wie ein Kind vor. Der Morgen nach seiner Verhaftung scheint für ihn lange zurückzuliegen (vgl. S. 295). Er gewinnt beim Kartenspiel mit anderen Handelsreisenden dank der Gedächtnistricks, die ihm sein Vater beigebracht hat. Anschließend verbringt er zum ersten Mal in seinem Leben eine Nacht mit einer Frau. Bei der Verabschiedung kommen sich Vater und Sohn das erste Mal näher. Gauß verliert Eugen gegenüber seine ihm oft entgegengebrachte Gefühlskälte, als er ihn so fest an sich zieht, dass seine Schulter gegen dessen Kiefer prallt und Eugen für ein paar Sekunden wie betäubt vor Schmerz ist (vgl. S. 296 f.). Während seiner Überfahrt nach Amerika blickt er trotz Heimweh und Einsamkeit optimistisch in seine Zukunft (vgl. S. 298). Im Gespräch mit einem mitreisenden Iren plant er sogar ein Geschäft zu eröffnen (vgl. S. 302).

3.5 Sachliche und sprachliche Erläuterungen

Die Reise (1)

S. 8	**Friedrich Jahns *Deutsche Turnkunst***	F. Jahn (1778–1852), auch „Turnvater Jahn" genannt, Initiator der deutschen Turnbewegung mit dem Ziel, die Jugend auf den Kampf gegen die napoleonische Besetzung und die Rettung Deutschlands vorzubereiten. Sein Buch erschien 1816; seit 1819 war die Turnerbewegung im Zuge der Karlsbader Beschlüsse in Preußen verboten, Jahn selbst zeitweilig verhaftet.
S. 9	**Orinoko**	viertgrößter Fluss der Welt in Venezuela, Kolumbien
S. 10	**Knotenstock**	Stock mit verdickten Auswüchsen (Knoten), gewöhnlich gefertigt aus Zweigen und Wurzeln verschiedener Bäume.
S. 11	**wiewohl Student**	Studenten standen in dieser Zeit unter dem Generalverdacht nationalrevolutionärer Umtriebe.
S. 12	**Differentialgeometrie**	Teilgebiet der Mathematik, Synthese aus Analysis und Geometrie
	gekrümmte Räume	Im Unterschied zur euklidischen Geometrie befasst sich die von Gauß entdeckte nichteuklidische Geometrie z. B. mit sphärischen Körpern (Kugeloberflächen).
S. 15	**Herr Daguerre**	Louis J. M. Daguerre (1789–1851), Entwickler des nach ihm benannten fotografischen Verfahrens der Daguerreotypie, das lange Belichtungszeiten erforderte (10 bis 15 Min.).

Das Meer (2)

S. 19	**Neuspanien**	administratives Verwaltungsgebiet in Lateinamerika, Vizekönigreich (1535–1821), das heutige Mexiko, Mittelamerika, Venezuela
	Neugranada	Vizekönigreich, heutiges Kolumbien
	Neuandalusien	heutige Provinz Cordoba in Argentinien
	Ihr Vater (...) war früh verstorben.	vgl. S. 16 dieser Erläuterung
S. 20	**Majordomus Kunth**	Gottlob J. C. Kunth (1757–1829), Pädagoge und väterlicher Freund der Humboldt-Brüder
	Benjamin Franklin	(1706–1790), amerikanischer Politiker und Naturwissenschaftler
	Lichtenberg	Georg Christoph L. (1742–1799), deutscher Physiker und Aphoristiker
S. 21	**Séance**	spiritistische Sitzung mehrerer Personen und eines Mediums (einer Person), die in der Lage ist, Kontakt zur Welt der Toten herzustellen
S. 22	**Aguirre**	Lope de A. (um 1511–1561), spanischer Eroberer, der sich gegen die spanische Krone auflehnte.
	Marcus Herz	(1747–1803), deutscher Arzt und Philosoph der Aufklärung
	Henriettes Salon	Henriette Herz (1764–1847), unterhielt zwischen 1780 und 1803 einen der bedeutendsten literarischen Salons der Frühromantik.
S. 23	**Tugendbündler**	Henriettes Tugendbund „zur Pflege der Freundschaft" war ein Vorläufer ihres Salons.
	La Mettrie	Julien Offray de L. M. (1709–1751), frz. Arzt und Philosoph, vertrat eine materialistisch-atheistische Weltanschauung (der Mensch ist eine komplexe Maschine).
	Pamphlet	Schmähschrift

S. 24	**Klopstock**	Friedrich Gottlieb K. (1724–1803), deutscher Schriftsteller
S. 26	**Kameralistik**	Verfahren der Buchführung, das ausschließlich im öffentlichen Sektor angewendet wird.
	Wildenow	Carl Ludwig Willdenow (1765–1812), deutscher Botaniker
S. 27	**Experimentalphysik**	versucht mit Hilfe von planmäßig durchgeführten wissenschaftlichen Versuchen, qualitative und quantitative Aussagen über physikalische Vorgänge zu erhalten
S. 28	**Pilâtre de Rozier**	(1757–1785), frz. Physiker und Luftfahrtpionier – und also längst tot, als Gauß ihn im Roman trifft.
	Montgolfier	die Brüder Joseph Michel und Jacques Étienne M. (1740–1810, 1745–1799), Erfinder des Heißluftballons
	Georg Forster	(1754–1794), deutscher Naturforscher, Ethnologe, Reiseschriftsteller und Journalist
	Cook	James C. (1728–1779), britischer Seefahrer und Entdecker
S. 29	**Neptunismus**	veraltete, geologische Anschauung, wonach sich alle Gesteine aus dem Wasser der Ozeane abgelagert haben
S. 29	**Abraham Werner**	(1749–1817), deutscher Mineraloge
S. 31	**Assessor**	Beamtenanwärter
	Galvani	Luigi G. (1737–1798), ital. Arzt und Naturforscher, untersuchte die Auswirkungen von Elektrizität auf Muskeln und Nerven.
S. 34	**Andres del Rio**	(1764–1849), span. Mineraloge und Chemiker
S. 35	**soufflierte**	soufflieren, einem Schauspieler flüsternd vorsprechen

S. 36	**Wieland**	Christoph Martin W. (1733–1813), deutscher Dichter der Aufklärung
	Herder	Johann Gottfried v. H. (1744–1803), deutscher Dichter des Sturm und Drang
S. 37	**Blankvers**	Begriff aus der Lyrik, der eine besondere Versform beschreibt.
S. 38	**Unbill**	etwas Übles, was jemand zu ertragen hat
S. 39	**Bougainville**	Louis-Antoine de B. (1729–1811), frz. Weltumsegler
S. 40	**La Rochelle**	westfranzösische Hafenstadt
S. 41	**Okular**	Teil eines optischen Systems, um mit dem Auge in ein optisches System zu blicken
	Sextant	optisches Messinstrument zur Navigation auf See
S. 42	**Manuel de Urquijo**	(1769–1817), 1799 span. Premierminister
S. 43	**Aranjuez**	Stadt in Spanien, 47 km südlich von Madrid
	Paracelsus	(1493–1541), schweizer Arzt, Astrologe und Philosoph
S. 44	**Marco Polo**	(1254–1324), ital. Weltreisender, reiste bis China
	englische Blockade	Kontinentalsperre Napoleons von 1799 bis 1815, um den Handel Großbritanniens mit europäischen Ländern zu verhindern
	Fregatte	kleines Kriegsschiff
	La Coruña	Stadt im äußersten Nordwesten von Spanien
S. 46	**Ginster**	Pflanzengattung; die zu den Schmetterlingsblütlern gehört
	Pascal	Blaise P. (1623–1662), frz. Philosoph, Mathematiker und Physiker

S. 47	**Gärten von Orotava**	botanischer Garten in Puerto de la Cruz
	Drachenbaum	Kanadischer D., bekanntester Vertreter der Gattung Drachenbäume. Er wächst baumförmig bis zu einer Höhe von 20 Metern und hat einen dicken, grauen Stamm.
	Tamerlan	(1336–1405), mongolischer Eroberer
S. 48	**Kant gelesen**	Nach Immanuel Kants *Kritik der praktischen Vernunft* (1788) ist es unmoralisch, einen anderen Menschen nur als Mittel seiner (hier: sexuellen) Zwecke zu behandeln.
S. 49	**Wendekreis**	Wendekreis des Steinbocks, Breitenkreis 23,26 Grad südlicher Breite, Grenze zu den Tropen
	Chinarinde	enthält Chinin, damals das einzige Mittel gegen Malaria
	Delirium	eingeschränktes Bewusstsein, oft verbunden mit Fieber, Halluzinationen
S. 50	**Veracruz**	Stadt in Mexiko
S. 51	**Terra Firma**	das nördliche Küstenland Südamerikas und spätere Kolumbien

Der Lehrer (3)

S. 57	**Knüttel**	Prügel
S. 60	**Freitisch**	kostenlose, warme Mahlzeit
S. 61	**leutselig**	wohlwollend, von einer Anteil nehmenden Freundlichkeit
S. 62	**Phlogistonhypothese**	eine inzwischen widerlegte Theorie, wonach jeder brennbare Stoff eine hypothetische Substanz (Phlogiston) enthält, die beim Verbrennen als Flamme entweicht.
	Eulersches Theorem	Beweis für eine mathematische Funktionsgleichung

	kalendarische Arithmetik	ein Kalender, der nicht mehr durch astronomische Ereignisse, sondern durch arithmetische Regeln definiert wird, in die die astronomischen Ereignisse schon einberechnet wurden.
S. 64	**Isaac Newton**	(1643–1727), engl. Naturforscher, wurde berühmt durch seine Leistungen auf den Gebieten der Physik und Mathematik
S. 68	**Marionette**	Gliederpuppe, die mit Hilfe von Fäden bewegt wird.

Die Höhle (4)

S. 70	**Äquinoktialgegenden**	Gemeint sind jene Gegenden, die zwischen den Wendekreisen liegen, die Tropen.
S. 71	**Epaulette**	Schulterstück
S. 72	**Nachtvögel**	Gemeint sind offenbar Fledermäuse.
S. 77	**Hygrometer**	Messinstrument zur Bestimmung der Luftfeuchtigkeit
	Chronometer	präzise Uhren, die früher zur Zeitbestimmung und zur Navigation auf Schiffen benötigt wurden
S. 78	**Immanuel Kant**	(1724–1804), deutscher Philosoph der Aufklärung
	Zambo	Mensch mit einem schwarzen und einem indianischen Elternteil oder ebensolchen Vorfahren
S. 79	**Amazonas**	Strom im nördlichen Südamerika
S. 80	**Ephemeridenkatalog**	Katalog mit Positionstabellen von Sonne, Mond, Planeten, Kometen und Fixsternen

Die Zahlen (5)

S. 81	**Siebzehneck**	eine geometrische Figur, definiert durch siebzehn Punkte, die durch siebzehn Strecken zu einem geschlossenen Linienzug verbunden sind
S. 82	**Barbier**	damals ein Handwerksberuf, zuständig für Körperpflege und Wundheilung
S. 84	**Curare**	Gift, welches die Indios Südamerikas als Pfeilgift beim Jagen von Tieren benutzen.
	Hofrat	Amtsbezeichnung
S. 85	**Aeneas**	bedeutende Figur aus der griechischen Mythologie und Frühgeschichte
	Vergil	römischer Dichter, der die Fahrten des Aeneas von Troja beschreibt
S. 86	**Accouchierhaus**	Vorläufer der heutigen Entbindungskliniken
S. 87	**Kapuziner**	franziskanischer Bettelorden der römisch-katholischen Kirche
	summa cum laude	mit höchstem Lob, bestmögliche Note in der Promotionsprüfung
S. 88	**Quadratisches Reziprozitätsgesetz**	Seine Entdeckung gehört zu den Ausgangspunkten für die moderne Zahlentheorie.
S. 89	**Triangulation**	das Einmessen von Dreiecken
	Theodolit	Winkelmessinstrument
	„Ein Dreieck (...) doch alles."	Johanna formuliert hier wie selbstverständlich ein zentrales Element der nichteuklidischen Geometrie.
S. 90	**geodätisch**	die Geodäsie (Erdvermessung) betreffend
	kollern	rollen, purzeln, kullern
S. 91	**Knicks**	das Zurücksetzen eines Fußes und das Beugen der Knie als Zeichen der Begrüßung

S. 92	**Kolik**	Anfall von krampfartigen Leibschmerzen
	Disquisitiones Arithmeticae	„Arithmetische Untersuchungen"
S. 93	**Piazzi**	Guiseppe P. (1746–1826), ital. Astronom. Der verschwundene „Geisterplanet" ist der am 1. 1. 1801 entdeckte Asteroid Ceres, dessen Wiedereintritt Gauß bald darauf erfolgreich berechnet (vgl. S. 143).
S. 94	**Pedell**	hier: Hausmeister einer Universität
	Schenke	Gaststätte, kleinere Schankwirtschaft
S. 96	**Euklid**	(ca. 360–280 v. Chr.), altgriechischer Mathematiker
S. 97	**Lampe**	Martin L. (1734–1806), langjähriger Diener Kants
	Ellipse	in der Geometrie geschlossene Kurve in Form eines gestauchten Kreises
S. 98	**Bonaparte**	Familienname Napoleons
	Jüngste Gericht	Gottesgericht, antike bzw. alttestamentliche Vorstellung von einem das Weltgeschehen abschließenden göttlichen Gericht

Der Fluss (6)

S. 101	**Caracas**	Hauptstadt und größte Stadt Venezuelas
	Silla	Silla de Caracas (Ávila-Massiv), 2480 m
	Auffaltung	Gebirgsbildung durch Stapelung von Krustengesteinen
S. 102	**Gluck**	Christoph Willibald G. (1714–1787), deutscher Opernkomponist
	Calabozo	Stadt in Venezuela
S. 103	**Galvanismus**	Lehre von der Umwandlung chemischer Energie in elektrische Energie

	Leydener Flache	Auch Kleist'sche Flasche genannt, mit ihrer Hilfe konnte man elektrische Ladung verstärken und aufbewahren.
	elektrische Aale	Zitteraal, der Stromstöße erzeugen kann, sowohl zur Jagd als auch zur Verteidigung.
S. 104	**Elektrometer**	Gerät zum Messen elektrischer Ladungen und Spannungen
S. 107	**Zwerghund**	Hunderasse
	vertäuen	mit Tauen (starken Seilen) festbinden
	Botanisiertrommel	Behälter aus Blech, in dem Pflanzen aufbewahrt werden können.
	Lefze	Lippe bei Hund oder Raubtier
S. 109	**Dung**	Mist, der als Dünger verwendet wird.
S. 111	**Gryphius**	Andreas G. (1616–1664), deutscher Dichter und Dramatiker des Barock
S. 113	**Katarakt**	Stromschnelle
S. 115	**Damals (...) festzustellen.**	Pater Zea spricht von der ersten wissenschaftlichen Amazonasexpedition von 1743 bis 1745, bei der Charles Marie de La Condamine den Fluss kartografierte.
S. 116	**Allongeperücke**	Perücke im 17. und 18. Jahrhundert mit langen, den Nacken eines Mannes bedeckenden Locken
	Lorgnon	Einglas, das man mit einem Stiel vors Auge hält.
S. 117	**Mimikry**	Anpassung durch Gestalt und Farbe
S. 118	**Idiom**	eigentümliche Sprache, Mundart
S. 121	**Jesuit**	Mitglied einer katholischen Ordensgemeinschaft
S. 127	**Rio Negro**	Nebenfluss des Amazonas

S. 128	**das schönste deutsche Gedicht (...)**	Humboldt trägt eine verballhornte Version von Goethes *Ein Gleiches (Wandrers Nachtlied)* von 1780 vor.
	San Carlos	Stadt in Venezuela im heutigen Bundesstaat Amazonas
S. 131	**Frack**	meist schwarze Jacke, die vorne kurze und hinten lange Rockschöße hat.
S. 132	**Chimäre**	Einbildung; Fantasie, Täuschung
	Quantum	bestimmte Menge
S. 133	**Wams**	den Oberkörper eines Mannes bis zu den Taillen reichendes Kleidungsstück
S. 137	**Termiten**	Insekt der Tropen und der Subtropen
S. 141	**Kordilleren**	Gebirgszug, der sich im Westen entlang Nord- und Südamerika erstreckt

Die Sterne (7)

S. 143	**Mason, Dixon**	Zwischen 1763 und 1767 wurde die „Mason-Dixon-Linie" als Grenze zwischen den Nord- und Südstaaten der USA von dem Astronom Charles Mason und dem Geometer Jeremiah Dixon vermessen.
S. 144	**Gerber**	Handwerker, der sich mit dem Gerben von Häuten und Fellen beschäftigt.
	Planetoid	Kleinplanet
S. 145	**asymptotisch**	Gerade, der sich eine ins Unendliche verlaufende Kurve beliebig nähert, ohne sie zu erreichen.
S. 147	**Gravitation**	Schwerkraft
S. 150	**approximativ**	ungefähr
S. 151	**Herr Bessel**	Friedrich Wilhelm B. (1784–1846), dt. Mathematiker und Astronom

	Krieg	Gemeint ist Napoleons Krieg gegen Preußen von 1806.
	Caxamarca	Hauptstadt in Peru
S. 152	**Bajonett**	Stoß- und Stichwaffe, auf Gewehr aufsetzbar
	Lanze	für Stoß und Wurf bestimmte Waffe mit einem langen Schaft und einer Spitze
S. 154	**Moebius**	August Ferdinand M. (1790–1868), dt. Mathematiker
S. 158	**Voltaire**	(1694–1778), frz. Philosoph der Aufklärung
	Alumni	ehemalige Studenten einer Hochschule
S. 162	**disponieren**	in bestimmter Weise verfügen

Der Berg (8)

S. 163	**Funzel**	Lichtquelle, die nicht viel Licht abgibt
	Federkiel	aus Feder hergestelltes Schreibgerät
	Chimborazo	inaktiver Vulkan und höchster Berg Ecuadors (ca. 6300 m)
S. 164	**Herbarien**	Sammlung gepresster und getrockneter Pflanzen
S. 165	**Magdalenfluss**	liegt im Westen von Kolumbien
	Cartagena	Stadt in Kolumbien
	Kordilleren	Gebirgszug im Westen Amerikas
	Honoratioren	Personen, die in einer Stadt besonderes Ansehen aufgrund ihres sozialen Status genießen.
S. 166	**Kammerzofe**	Dienerin einer hoch gestellten Dame
	Morast	schlammiger Boden
	Pichincha	Berg nahe Quitos, der Hauptstadt Ecuadors
S. 168	**Poncho**	in Südamerika gebräuchlicher Mantel
S. 170	**Inklination**	hier: Neigung einer Magnetnadel

S. 171	**Miasmen**	angeblich Krankheiten auslösender Stoff in der Luft oder in der Erde
S. 175	**Hemisphäre**	Erdhalbkugel
S. 177	**Fuß**	Längenmaß (1 Fuß = ca. 30 cm)

Der Garten (9)

S. 181	**Herrenhaus**	herrschaftliches Wohnhaus auf einem Gut
	Kuhfladen	Kot von Rindern
S. 183	**Domestik**	Dienstbote
S. 184	**Theodolit**	Winkelmessgerät
S. 186	**Geodät**	Landvermesser
S. 187	**Konventionalmünze**	Vertragsmünzen, die zur Zahlung verwendet wurden
S. 194	**Heliotrop**	Sonnenspiegel zum Sichtbarmachen weit entfernter Vermessungspunkte

Die Hauptstadt (10)

S. 195	**Acapulco**	Stadt in Mexiko
	Eruption	Ausbruch
	Cotopaxi	zweithöchster Berg Mexikos
	aufknüpfen	aufhängen
S. 197	**Aufrisskarte**	zeigt die Umrisse eines Gebiets
S. 198	**Taxco**	Stadt in Mexiko
S. 199	**Leibniz**	Gottfried Wilhelm L. (1646–1716), dt. Philosoph der Aufklärung
	Cuernavaca	Hauptstadt des Bundestaates Morelos in Mexiko
S. 200	**Cortés**	Hernán C. (1485–1547), span. Eroberer
	Obsidianmesser	Messer aus vulkanischem Gesteinsglas

S. 202	**Kastilien**	zentrale Hochebene Spaniens
S. 203	**Aztekisch**	Sprache der Azteken
	Dilettantismus	Unzulänglichkeit
S. 204	**Elle**	frühere Längeneinheit (ca. 55–85 cm)
	Grande	Angehöriger des spanischen Hochadels
S. 206	**Popocatepetl**	Vulkan in Mexiko
S. 207	**Teotihuacan**	ehemalige Stadt, heutige Ruinenstätte im mexikanischen Bundesstaat Mexico
	Solstitium	Sonnenwende
S. 208	**Jorullo**	Vulkan im Südwesten Mexikos
S. 209	**Hörrohr**	Hörgerät in der Form eines Schalltrichters
	Reling	Geländer an Deck eines Schiffes
	Havanna	Hauptstadt Kubas
S. 210	**Tarantel**	große, giftige Spinne, deren Biss schmerzhaft ist
	Thomas Jefferson	dritter Präsident der USA (1801–1809)
S. 212	**Gehrock**	Herrenjacke mit knielangen, vorn übereinandergreifenden Schößen
	Despotismus	Willkürherrschaft
S. 213	**polyglott**	viele Sprachen sprechend
	elliptisch geformtes Arbeitszimmer	Das berühmte „Oval Office" entstand erst 1909.
	Bifokalglas	Brillenglas zum Nah- und Fern-Sehen

Der Sohn (11)

S. 215	**Fluktuation**	Schwanken
	Memorandum	Gedenkschrift
S. 216	**Kammerherr**	Adliger, der die Räume des Fürsten beaufsichtigt und dem Fürsten dient.

S. 217	**Reminiszenzen**	Erinnerungen
S. 218	**Restauration**	Herstellung früherer gesellschaftlicher und politischer Verhältnisse
	Tor	töricht und unklug handelnder Mensch
S. 219	**Bolívar**	Símon B. (1783–1830), südamerikanischer Unabhängigkeitskämpfer
S. 223	**Tölpel**	unbeholfener, ungeschickter Mensch
S. 224	**indigniert**	erzürnt, entrüstet

Der Vater (12)

S. 228	**ungesäumt**	unverzüglich
S. 229	**Kokarde**	Abzeichen
S. 230	**Unstrut**	linker Nebenfluss der Saale
S. 232	**welsch**	französisch (oder allg. „fremdländisch")
	Pfaffe	Geistlicher
S. 233	**Pedell**	Hausmeister einer (Hoch-)Schule
S. 234	**Kotter**	Gefängnis

Der Äther (13)

S. 235	**Schinkel**	Carl Friedrich S. (1781–1841), preuß. Maler und Architekt
	Savigny	Friedrich Carl v. S. (1779–1861), dt. Rechtsgelehrter
	Monokel	einzelnes, rundes Glas anstelle einer Brille
S. 237	**Yucatan**	Halbinsel Mittelamerikas
	Isothermisch	Isothermen sind Linien gleicher Temperatur.

S. 238	**(…) er stamme vom Affen ab**	Darwins Evolutionstheorie mit der damals skandalös anmutenden Behauptung einer Verwandtschaft von Affe und Mensch entstand erst nach 1830 und wurde erst nach 1850 veröffentlicht; Humboldt kann sie also 1828 noch gar nicht kennen.
S. 243	**Weber**	Wilhelm Eduard W. (1804–1891), dt. Physiker
S. 244	**ein warziger Mann (…)**	offenbar der in Berlin lehrende Philosoph des deutschen Idealismus Georg Wilhelm Friedrich Hegel (1770–1831)
S. 245	**Kloake**	hier: schäbigen Stadt
S. 246	***Occam's razor***	Occams Rasiermesser, Forschungsprinzip möglichst sparsam mit erklärenden Thesen umzugehen
S. 247	**Palaver**	überflüssiges Gerede
S. 248	**Schlafrock**	Hausmantel

Die Geister (14)

S. 252	**Denunziant**	Anschwärzer
S. 258	**Kotkerl**	Dreckfresser
	Sekundant	Berater, der jemandem bei einem Duell persönlich beisteht.
S. 259	**Medium**	Jemand, der eine Verbindung zum Totenreich herstellen kann.

Die Steppe (15)

S. 265	**Cyanometer**	Instrument zur Messung der Farbintensität der blauen Himmelsfarbe
	Inklinatorium	Gerät zur Bestimmung der Neigung der Feldlinien des Erdmagnetfeldes gegen die Horizontale (Inklination)

S. 266	**Puschkin**	Alexander S. P. (1799–1837), russischer Nationaldichter
S. 269	**Kosake**	Angehöriger eines freien russ. Reiterverbands
S. 273	***Scientia nova***	neues Denken, neue Wissenschaft
	Alchimist	mittelalterliche Vorform der Chemie
S. 274	**Vivat**	Hochruf
S. 275	**Alhidade**	drehbarer Arm eines Winkelmessgeräts
S. 277	**Überrock**	Gehrock
S. 279	**Taiga**	Hier: Nadelwaldzone in Russland
S. 280	**impertinent**	frech, unverschämt
S. 281	**Glockenkurve**	Gaußverteilung der Wahrscheinlichkeitsdichte
	diadisches Alphabet	ein Zahlensystem (Dualsystem), das 1679 von G. W. Leibniz veröffentlicht wurde
S. 282	**Gewölk**	Eintrübung, Verdüsterung
S. 284	**Pagodendach**	Gefälledach mit geringer Dachneigung
	Jurte	traditionelles Zelt der Nomaden in West- und Zentralasien
	Okzident	Abendland
S. 286	**Lama**	Mönch
S. 287	**Kirgise**	Angehöriger eines mongoliden Volkes in Mittelasien
	Sultan	islamischer Herrschertitel
S. 290	**salutieren**	Gruß mit Anlegen einer Hand an die Schläfe
S. 291	**Poem**	Gedicht

Der Baum (16)

S. 297	**Giordano Bruno**	(1548–1600), ital. Priester, Philosoph und Astronom, wegen Ketzerei verbrannt
S. 299	**William Bligh**	(1754–1817), britischer Seeoffizier
	veritabel	echt, wirklich
S. 300	**Almosen**	kleinere Gabe an einen Bedürftigen
	Takelage	u. a. die feststehenden Masten und das Tauwerk auf einem Segelschiff

3.6 Stil und Sprache

ZUSAMMENFASSUNG

Kennzeichnend für Daniel Kehlmanns Roman sind
- → die Verständlichkeit seiner Sprache durch einfachen Satzbau,
- → die Aussagen der Personen in der indirekten Rede,
- → die Verwendung des epischen Präteritums,
- → der ironisch-komische Grundton seines Romans durch die Verwendung unterschiedlicher Stilmittel.

Einfacher Satzbau

Kehlmanns Roman konfrontiert den Leser mit einem einfachen Satzbau und ist daher trotz aller Kunstfertigkeit eher leicht zu lesen. Der Autor verzichtet auf den Einsatz von aneinandergereihten Adjektiven zur genaueren Beschreibung bestimmter Situationen. Stattdessen verwendet er häufig aneinandergereihte Hauptsätze, die den Eindruck eines nüchternen Berichts vermitteln. Die Herausforderung für den Leser besteht darin, **Zusammenhänge herzustellen** und an jenen Stellen mitzudenken, wo der Bericht zu wenig ins Detail geht. Durch diese Verknappung und die teilweise unvollständigen Sätze erreicht der Autor eine Dichte und Konzentration auf das Wesentliche, die eine **erzählerische Dynamik** impliziert, die Kehlmann je nach Umfang seiner Auslassungen beliebig steuern kann.

Verknappung führt zu erzählerischer Dichte

> „Als sie am Strand Druckmessungen anstellten, sprang ein Zambo, halb Schwarzer, halb Indianer, mit einer Holzkeule aus dem Gebüsch. Er knurrte, duckte sich, starrte. Dann griff er an.“ (S. 78)

Dies geschieht insbesondere bei der **Verwendung von Dialogen**, die zwar in direkter Rede geschrieben sind, bei denen aber bewusst die sonst üblichen Anführungszeichen weggelassen werden. Beispiel: „Dann eben links, sagte Humboldt. / Wieso links, fragte Bonpland. / Also rechts, sagte Humboldt. / Aber warum rechts?" (S. 73). Kehlmann spielt zudem durch die oft ineinander übergehende Verwendung von direkter und der viel häufiger anzutreffenden indirekten Rede im Konjunktiv mit erzählerischer Distanz auf der einen Seite und Aufgabe dieser Distanz auf der anderen Seite. Der Erzähler scheint hin und wieder direkt in die Handlung involviert zu sein.

Verwendung von direkter und indirekter Rede

Spiel mit erzählerischer Distanz und Nähe

> „Der Diplomat tat es mit einer Verneigung. Er sei übrigens auch Forscher! / Neugierig beugte Gauß sich vor. / Er untersuche alte Sprachen. / Ach so, sagte Gauß. / Das, sagte der Diplomat, habe enttäuscht geklungen. / Sprachwissenschaft. Gauß wiegte den Kopf. Er wolle ja keinem zu nahe treten." (S. 159)

Kennzeichnend für Kehlmanns Sprache ist auch das an einigen Stellen nicht nur für vergangene, sondern auch für zukünftige Handlungen (Vorausblicke) verwendete epische Präteritum, das dem Roman zusätzlich seinen fiktionalen Charakter verleiht.

Episches Präteritum auch für Zukünftiges

> „Bonpland setzte einen Fuß vor den anderen. Scheinbar stundenlang hörte er den Schnee knirschen und wusste, dass zwischen ihm und dem Abgrund nur Wasserkristalle waren. Bis zum Ende seines Lebens, mittellos und gefangen in der Einsamkeit Paraguays, konnte er sich die Bilder bis ins Kleinste zurückrufen: die zerfasernden Dunstwölkchen, die helle Luft, die Schlucht am unteren Rand seines Blickfelds." (S. 174)

Komisch-ironischer Grundton

Der Grundton des Romans ist oft komisch-ironisch und löst beim Leser Heiterkeit aus. Dies lässt schon der Romananfang erkennen:

> „Im September 1828 verließ der größte Mathematiker des Landes zum ersten Mal seit Jahren seine Heimatstadt, um am Deutschen Naturforscherkongress in Berlin teilzunehmen. Selbstverständlich wollte er nicht dorthin.“ (S. 7)

Weltberühmt, genial – und kindisch

Gauß' Verhalten wirkt komisch, da man als Leser natürlich vermutet, dass es eine besondere Ehre für ihn sein müsste, an einem solchen Kongress teilzunehmen. Seine lächerlich-unangemessene Handlung wird durch das Adverb „selbstverständlich“ noch verstärkt. Aber die Situation nimmt noch groteskere Züge an, als der weltberühmte Wissenschaftler sich in die **Verhaltensweisen eines Kleinkindes** flüchtet:

> „Als Minna ihn aufforderte aufzustehen, die Kutsche wartete und der Weg sei weit, klammerte er sich ans Kissen und versuchte seine Frau zum Verschwinden zu bringen, indem er die Augen schloss“. (S. 7)

Gegensatz von Hoch und Niedrig

Diese aus dem Gegensatz von Hoch und Niedrig, behauptetem Ideal bzw. Selbstbild und der Realität entstehende Komik wendet Kehlmann nicht nur auf bestimmte Situationen an, sondern oft auch in Verbindung mit der beschriebenen Gestik seiner Figuren:

> „Ein Deutscher, sagte er [Gauß Vater] immer wieder, während er müde die abendliche Kartoffelsuppe aß, ist jemand, der nie krumm sitze. Einmal fragte Gauß: Nur das? Reiche das denn schon, um ein Deutscher zu sein? Sein Vater überlegte so lange, dass man es kaum mehr glauben konnte. Dann nickte er.“ (S. 54)

Selbst Themen, die an sich gar nicht zum Lachen geeignet erscheinen wie die von einem Lehrer praktizierte Prügelstrafe, wirken bei Kehlmann komisch:

> „Der Lehrer in der Schule hieß Büttner und prügelte gern. (…) Am liebsten stellte er ihnen Aufgaben, an denen sie lange arbeiten mussten und die trotzdem kaum ohne Fehler zu lösen waren, so dass es zum Schluss einen Anlass gab, den Stock hervorzuholen.“ (S. 55)

Moderne Alltagssprache

Zur Erhöhung der Komik tragen auch die Phrasen moderner Alltagssprache bei, die in Kehlmanns Roman Verwendung finden und die nicht zu den formellen Wendungen der damaligen Zeit passen. Nachdem Humboldt Leichen zu Untersuchungszwecken aus einer Höhle abtransportieren lässt, gelangt die Expedition auf ihrer Flussfahrt zu einer neuen Mission. Dort angekommen fragt der Häuptling des Dorfes Humboldt und seine Begleiter, was in den Stoffballen sei, und äußert ihnen gegenüber seinen furchtbaren Verdacht. Humboldt bestätigt dies, indem er zugibt, dass sich Tote in den Stoffballen befinden, und führt am Ende schließlich aus: „Was hätten sie nur alle, **wo sei das Problem**?“ (S. 123; Hervorhebung A. N.)

Selbstreferenzielle Komik

Kehlmann schreckt sogar vor auf ihn selbst bezogene Komik in seinem Roman nicht zurück. So äußert Humboldt Gauß gegenüber im Gespräch seine Ansicht, dass Künstler mit Erfundenem die Menschen verwirren, so zum Beispiel mit Romanen, „die sich in Lügenmärchen verlören, weil der Verfasser seine Flausen an die Namen geschichtlicher Personen binde.“ (S. 221)

Rhetorische Stilmittel

Bei der Charakterisierung seiner Romanfiguren bedient sich Kehlmann zudem zahlreicher Stilmittel. So charakterisiert er das symbiotische Verhältnis zwischen Gauß und seiner Mutter durch die rhetorische Figur des **Parallelismus**. „Er war gefallen, sie tröstete ihn; er weinte, sie wischte die Tränen weg; er konnte nicht schlafen, sie sang ihm vor (...)“ (S. 53). Das Stilmittel der **Ellipse** findet als Form der Verstärkung von gezeigter Entrüstung bzw. Humorlosigkeit Verwendung:

> „Aber wenn noch einmal jemand die Unterstellung äußere, dass der Patensohn des Herzogs von Braunschweig Menschenfleisch gegessen habe, werde er zur Waffe greifen. / Bonpland lachte. / Er meine es ernst, sagte Humboldt. / Doch nicht wirklich, sagte Bonpland. / Allerdings.“ (S. 134 f.)

Weitere Stilmittel

Bei der geheimen politischen Versammlung, an der Gauß' Sohn Eugen teilnimmt, wendet sich der bärtige Redner mit einer **Aufzählung** zu Beginn seiner Rede an seine Zuhörer: „Ihr Braven, fuhr er nach einer langen Pause fort, ihr Jungen, ihr Kraftvollen, ihr müsst stärker werden“ Mit dem Einsatz dieses Stilmittels kommt eine gewisse **Übertreibung** zum Ausdruck. Einen **absurden Vergleich** stellt der Redner schließlich an, als er schreit: „Wie dieses Bein sei, so müsse Deutschland werden!“ (beide S. 231) Sprache und Stil von Kehlmanns Roman verleihen ihm seinen großen Unterhaltungswert, trotz des zahlreich zu findenden Fachvokabulars aus der Welt der Naturforschung und Mathematik.

3.7 Interpretationsansätze

ZUSAMMENFASSUNG

Verschiedene Interpretationsansätze bieten sich an, zwei sollen hier exemplarisch vorgestellt werden:

→ die Thematisierung von Alter und Tod im Roman
→ Wissenschaft und (Aber-)glaube in der Goethezeit

Alter und Tod im Roman

Der Roman beschäftigt sich an vielen Stellen mit Alter und Tod, dem auch die beiden genialen Wissenschaftler nicht entfliehen können. Der Tod macht keinen Unterschied zwischen den Menschen. Er kommt über sie, und jeder Mensch wird sich früher oder später damit beschäftigen müssen und sich dabei der eigenen Machtlosigkeit bewusst werden. Gauß erfährt dies bereits in jungen Jahren am **Beispiel seiner Mutter**, denn ihm fällt schon früh auf, dass sie altert:

Machtlosigkeit des Menschen

> „Ihre Haut verlor an Spannung, ihr Körper seine Form, ihre Augen hatten immer weniger Glanz, und jedes Jahr waren auf ihrem Gesicht neue Falten. (…) Sie verging vor seinen Augen, und er konnte nichts dagegen machen." (S. 54)

Auch in seinem weiteren Leben wird sich Gauß der eigenen Vergänglichkeit immer wieder bewusst, sie ist sein ständiger Wegbegleiter. Dabei hadert er auch mit seinem eigenen Schicksal. **Körperliche Einschränkungen** sind für ihn eine Quelle der Erniedrigung: „Er habe es immer bezeichnend für Gottes bösen Humor gefunden, dass ein Geist wie seiner in einen kränklichen Körper eingesperrt sei (…)" (S. 10). Ein **Besuch beim alt gewordenen Philosophen Kant** zeigt ihm schonungslos dessen Senilität; das einstige Genie ist

Gottes böser Humor

Das Genie als sabberndes Kleinkind

kurz vor dem Tod auf das geistige Niveau eines Kleinkindes zurückgefallen. Gauß nimmt ihn gar nicht mehr richtig als Person wahr, sondern lediglich als „Männchen", das „quiekt", als Gauß ihm aus seinem Hauptwerk vorliest und ihn um seine Meinung bittet. Kants Antwort zeugt von seiner **fortschreitenden Senilität**, als er antwortet, dass sein Diener Lampe Wurst kaufen soll, und ihm dabei ein Tropfen Speichel über sein Kinn rinnt (S. 95 ff.).

Der Skandal des Lebens – Selbstmord als Ausweg?

Nach dem für Gauß ernüchternden Besuch bei Kant und der von ihm erwarteten zweiten Absage von Johanna denkt er sogar an Selbstmord und bezeichnet seinen Tod als einen neuen „Schachzug im Spiel". Ihn in die Welt geschickt zu haben könne nur das Ziel haben, sich über ihn lustig machen zu wollen: „(…) Schmerzen an Leib und Seele, sowie das langsame Verkümmern aller Fähigkeiten bis hin zur Schwäche des Alters. Nein!" (alle S. 98 f.) Das will Gauß nicht. Er lässt jedoch von seinem Vorhaben ab, als ihm klar wird, dass Johanna dieses Mal seinen Heiratsantrag doch angenommen hat. Im mittleren Alter stellt er auch an sich erste Alterserscheinungen fest:

> „Obwohl er gerade erst dreißig war, bemerkte er, dass seine Fähigkeit zur Konzentration nachließ und die Pausen, welche die Menschen vor ihren Antworten zu machen schienen, immer kürzer wurden. Er hatte weitere Zähne verloren, und Woche für Woche plagten ihn Koliken." (S. 155)

Desillusionierende Wirkung der Statistik

Als seine Frau ihm mitteilt, dass wieder ein Kind unterwegs ist, ist für Gauß klar: „Es würde ohne ihn aufwachsen müssen, das stand fest." (S. 156) Als er sich in späteren Jahren mit Sterbestatistiken beschäftigt, kommt er zu dem Schluss: „Man denke, man bestimme sein Dasein selbst. (…) Man meine, man habe alles selbst entschieden. Erst die Mathematik zeige einem, dass man immer die breiten

Wege genommen habe." Schuld am Tod sind die „Naturgesetze", die Gauß als die „wahren Tyrannen" bezeichnet (alle S. 219 f.). Im höheren Alter hadert er mit den Unabänderlichkeiten, die das Alter mit sich bringt. „Wieso war er so alt geworden? Man ging nicht mehr gut, man sah nicht mehr richtig, und man dachte so langsam. Altern, das war nichts Tragisches. Es war lächerlich." (S. 245) Dennoch setzt er auf einen Erkenntnisgewinn im Tod: „Der Tod würde kommen als eine Erkenntnis von Unwirklichkeit. Dann würde er begreifen, was Raum und Zeit waren, was die Natur einer Linie, was das Wesen der Zahl." (S. 282)

Letzte Erkenntnis im Tod?

Auch der späte Humboldt empfindet das allmähliche Altern als Last, wenn er bemerkt: „Es sei das Alter. (...) Früher habe er jeden überzeugen können. Habe jede Blockade überwunden und jeden Pass bekommen, den er gewollt habe. Ihm habe niemand widerstanden." (S. 260) Den Zeitpunkt für seinen Aufbruch zur Russland-Expedition, der fatalerweise in die Zeit der Schneeschmelze fällt, bezeichnet er als einen „Planungsfehler, wie er ihm früher nicht unterlaufen wäre." (S. 268) Der späte Humboldt definiert den Tod als „jene sich über Jahre dehnende Erschlaffung; die Zeit in der ein Mensch noch da ist und zugleich nicht mehr und in der er, ist auch sein Größe lange dahin, noch vorgeben kann, es gäbe ihn." (S. 263) Nach seiner Meinung hat die Natur das Sterben „umsichtig" eingerichtet, und der Tod ist für ihn ein unaufhaltsamer Prozess und Teil des Lebens (vgl. S. 263). In jungen Jahren empfindet er den Tod seiner Mutter jedoch noch als abstoßend und befremdlich, da diese sich im Todeskampf gehen lässt:

Tod als entropischer Prozess

> „Als die Nacht anbrach, bäumte sich seine Mutter auf und begann spitze Schreie auszustoßen. Das Schlafmittel wirkte nicht, auch ein weiterer Aderlass brachte keine Beruhigung, und Humboldt

> kam es unbegreiflich vor, dass sie sich so ungesittet benehmen konnte." (S. 35)

Respektlosigkeit gegenüber Totenruhe und Bräuchen der Indianer

Als Forscher hat Humboldt keine Achtung vor dem Umgang mit dem Tod und den Traditionen anderer. Als er während seiner Expedition in Südamerika Indianerleichen exhumiert und zu Forschungszwecken mitnimmt und dies später gegenüber einem Häuptling zugibt, versteht er dessen Empörung nicht, denn

> „diese Toten seien so alt, dass man sie eigentlich nicht mehr Leichen nennen könne. Die ganze Welt bestehe schließlich aus toten Körpern! Jede Handvoll Erde sei einmal ein Mensch gewesen und vorher ein anderer Mensch (...) Was hätten sie nur alle, wo sei das Problem?" (S. 123)

Begegnung mit einem Lama

Im Verlauf seiner Russlandreise wird der späte Humboldt von einem Lama gebeten, er möge doch seinen Hund wieder zum Leben erwecken. An dieser Stelle zeigt sich, dass Humboldt Realist ist, als er ihm antwortet: „Das könne er nicht (...) Er könne nichts und niemanden aus dem Tod erwecken." (S. 286) Humboldt steht genauso wie Gauß dem Tod hilflos gegenüber. Er akzeptiert aber auch für sich, dass er dem herannahenden Tod nichts entgegenzusetzen vermag. „Er wisse nichts, aber er habe sein Leben damit hingebracht, diesen Zustand zu ändern, er habe Kenntnisse erworben und die Welt bereist, das sei alles." (S. 285)

Begegnung mit Louis Antoine de Bougainville

In seinem Roman gibt Kehlmann also immer wieder deutliche Hinweise darauf, dass auch den Helden selbst das Schicksal des Alterns nicht ohne Grausamkeiten widerfährt. Schon am Anfang des Romans beschäftigt er sich mit der Verfallsgeschichte des großen französischen Seefahrers Bougainville, den Humboldt am Beginn seiner Karriere aufsucht, um mit ihm in die Südsee zu reisen. Er trifft jedoch nur noch „auf den dementen Rest vormaliger Bedeutung“[11]. Bougainville war inzwischen „alt wie ein Fels, völlig taub, saß in einem Thronsessel, murmelte vor sich hin und machte Dirigierbewegungen, von denen keiner wusste, wem sie galten.“ (S. 39) Kehlmann kommt in seinem Roman zu der **tragischen Einsicht**, dass auch Genialität nicht vor dem fortschreitenden Altern schützt und selbst überragende Persönlichkeiten wie Kant oder Bougainville zu sabbernden Greisen werden können. Am Ende sind den Genies Wurst und Sterne einerlei.

Die Tragik der Selbsterkenntnis

Die Hochbegabung hat für Kehlmann auch etwas Tragisches. Der Autor sieht das tragische Element in einer temperierten, dennoch aber schmerzhaften Art und Weise der Vergänglichkeit, deren Intensität durch Intelligenz besonders gesteigert erscheint.[12] „Wer schneller denkt als andere, läuft auch schneller vor zum Tod und hat so auch eher ein Gefühl von Vergänglichkeit.“[13] Das Alter wird bestimmt durch das zunehmende Chaos im Leben, die wachsende Entropie.[14] Humboldt ist daher bis ins hohe Alter bemüht, durch seine zähe Forschertätigkeit wenigstens die eigene Bedeutung gegen das Vergehen der Zeit als Ruhm über den Tod hinaus zu fixieren, als er zu seinem Begleiter Bonpland sagt: „Er habe, sagte Humboldt, viel über die Regeln des Ruhmes nachgedacht. Einen Mann, von dem bekannt sei, dass unter seinen Zehennägeln Flöhe gelebt hätten, nehme keiner mehr ernst.“ (S. 112) Zu dieser Aussage Humboldts kommt es, als er mit Bonpland die Frage erörtert, ob es statthaft sei, diesen Vorfall der Nachwelt im Tagebuch zu überliefern.[15] Der Vergänglichkeit des Lebens setzt Kehlmann in seinem

---

11 Fröschle, S. 194.
12 Vgl. ebd., S. 195.
13 Sebastian Kleinschmidt, zitiert nach: ebd., S. 192.
14 Ebd.
15 Vgl. ebd., S. 194

Der Drachenbaum als Symbol der Ewigkeit

Roman den Drachenbaum auf Teneriffa entgegen, den Humboldt als „riesenhaft und wohl Jahrtausende alt“ bezeichnet: „Er war dagewesen vor Christus und Buddha, Platon und Tamerlan.“ (beide S. 47) Er symbolisiert die Ewigkeit. „Humboldt horchte an seiner Uhr. Wie sie, tickend, die Zeit in sich trug, so wehrte dieser Baum die Zeit ab: eine Klippe, an der ihr Fluss sich brach.“ (ebd.) Und er stellt weiter fest: „Alles starb, alle Menschen, alle Tiere, immerzu. Nur einer nicht.“ (ebd.)

(Aber-)Glaube und Wissenschaft in der Goethezeit

Vertrauen auf die Vernunft

Der (Aber-)glaube hat es schwer in der Goethezeit, denn diese ist gekennzeichnet durch die Ideale von Selbstbestimmung und einer rationalen, von der Vernunft her geprägten Denkweise. Erkenntnisgewinn durch den Mut, sich seines eigenen Verstandes zu bedienen und autonome Entscheidungen zu treffen, war das Leitmotiv der Aufklärung und der Klassik und implizierte damit eine radikale Abkehr von der bisherigen Bevormundung durch Kirche und adelige Obrigkeit. Kehlmann verdeutlicht dies insbesondere an der Figur Humboldts. Er ist sehr auf sein Äußeres bedacht, verfügt über eine gute Bildung und ist überaus selbstdiszipliniert und von dem Gedanken geleitet, der Menschheit durch Forschen und Entdecken einen Erkenntnisgewinn zu verschaffen. Er ist sich sicher, dass die Wissenschaft ein Zeitalter der Wohlfahrt herbeiführen werde, „und wer könne wissen, ob sie nicht eines Tages sogar das Problem des Todes lösen werde“. (S. 238 f.) Im Gespräch mit Goethe sieht dieser ihn als Botschafter „auch überm Meer“ (S. 37). Humboldt soll die Ideale der Klassik in die Welt hinaustragen. Als sich der Naturforscher auf seiner Reise das einzigartige Schauspiel einer Sonnenfinsternis zugunsten seiner Messergebnisse entgehen lässt, richtet Bonpland schließlich die Frage an ihn, ob man immer so deutsch sein müsse (vgl. S. 80).

Begegnungen mit dem Irrationalen

Das Über-Natürliche, das angeblich Irreale, passt nicht ins Weltbild der modernen Zeit und damit erst recht nicht in die Vorstellung Humboldts. Dies wird an mehreren Stellen im Roman deutlich. So sichtet er kurz vor Teneriffa ein „Seeungeheuer", um seine Beobachtung kurze Zeit später in sein eigenes Weltbild passend, rational mit den Worten zu erklären: „Vielleicht die Dünste, sagte Humboldt, oder das schlechte Essen." (S. 45) Mit den Erzählungen seiner südamerikanischen Ruderer kann er schlichtweg nichts anfangen und ignoriert sie einfach, als diese behaupten, dass die Leute weiter südlich wahnsinnig seien und rückwärts sprächen und es dort Zwerghunde mit Flügeln gäbe. Sie seien jedoch jetzt ausgerottet, da sie von den sprechenden Fischen gefressen wurden (vgl. S. 107). Ein solcher Aberglaube ist Humboldt völlig fremd. Andererseits schenkt er seinen eigenen Überzeugungen so viel Glauben, dass er sogar bereit ist, diese über die Ergebnisse der Wissenschaft zu stellen:

> „Menschen flögen nicht, sagte Humboldt. Selbst wenn er es sehe, würde er es nicht glauben. / Und das sei dann Wissenschaft? / Ja, sagte Humboldt, genau das sei Wissenschaft." (S. 138)

Teilnahme an einer Séance

Als Gauß und Humboldt in Berlin an einer Séance teilnehmen, um sich für die Freilassung von Gauß' Sohn Eugen einzusetzen, wirkt Humboldt nach der Sitzung „blass" und „maskenhaft starr" (S. 256) – kein Wunder, hat ihn doch offenbar gerade seine tote Mutter durch den Mund des Mediums eine Rüge ausrichten lassen (vgl. S. 255). Aber auch Gauß reagiert auf das vermeintlich Irreale mit Abwehr. Bei der Begegnung mit dem Grafen von der Ohe zur Ohe reagiert er „verblüfft", als dieser ihm nach seiner Bemerkung „er müsse weiter, seine Zeit sei knapp!" entgegnet: „So knapp wohl auch nicht. (…) Wenn man Verfasser der *Disquisitiones Arithmeticae* sei, so müsse man es eigentlich nie wieder eilig haben."

Graf Ohe von der Ohe als Personifizierung Gottes

(S. 188) Diese Begegnung ist eine hochironische Anspielung auf Kafkas Roman *Das Schloss*, in dem der Landvermesser K. vergeblich versucht, zum Grafen Westwest vorzudringen[16], hinter dem die Kafka-Interpreten seit jeher Gott vermuten – anders als Kafkas K. lässt Gauß sich dagegen nicht vom Diener des Grafen abwimmeln. Im weiteren Gespräch mit dem mysteriösen Grafen wird ihm aber „allmählich heiß“, als er mit Kenntnissen von der Ohes konfrontiert wird, die eigentlich niemand außer ihm haben kann. Gauß ist diese Begegnung schlicht unangenehm. Er „atmete tief ein. Er war erleichtert, dass er hinaus war.“ (beide S. 190) Um sein eigenes Weltbild nicht infrage zu stellen, bezeichnet er den Grafen kurzum als „Verrückten“.

Seine Teilnahme mit Humboldt an der Séance in Berlin empfindet Gauß als „eigentlich ganz lustig“ (S. 254 f.). Stärker als Humboldt ist der Mathematiker jedoch davon überzeugt, dass man die Welt zwar notdürftig berechnen könne, dass das aber noch lange nicht heiße, „dass man irgendetwas verstehe.“ (S. 220) (Aber-)glaube widerspricht dem Denkmuster der Weimarer Klassik. Und selbst Humboldt bekennt im Alter: „(...) man dürfe die Leistungen eines Wissenschaftlers nicht überschätzen, der Forscher sei kein Schöpfer, er erfinde nichts“ (S. 291).

---

16 Vgl. Kehlmann, *Diese sehr ernsten Scherze*, S. 34.

4. REZEPTIONSGESCHICHTE

ZUSAMMEN-FASSUNG

- → Der Roman stand 37 Wochen auf Platz 1 der SPIEGEL-Bestsellerliste.
- → Bis Mitte 2008 wurden allein von der deutschen Ausgabe mehr als 1,4 Millionen Exemplare verkauft.
- → Nicht nur das Publikum, auch die Literaturkritik reagierte überwiegend enthusiastisch.
- → Viel Anerkennung erfuhr Kehlmanns Roman auch in anderen Ländern und Sprachräumen (in über 20 Sprachen übersetzt).
- → 2012 kam eine Verfilmung des Romans in die Kinos (Regie: Detlev Buck).

Zahlen und Fakten

Weltweiter Bestseller

Die Vermessung der Welt ist der bisher erfolgreichste Roman Daniel Kehlmanns. Er erschien am 23. September 2005. Schon binnen kurzer Zeit stand er **auf Platz 1 der Spiegel-Bestsellerliste und das für 37 Wochen**. Bis Mitte 2008 verkauften sich bereits allein von der deutschen Ausgabe 1,4 Millionen Exemplare. Mittlerweile wird der Roman auch als Schullektüre eingesetzt. Aber auch international gewann der Roman schnell Beachtung. Die *New York Times* führte den Roman im April 2007 an zweiter Stelle der weltweit meistverkauften Bücher des Jahres 2006.[17] Ein Hörbuch zur *Vermessung der Welt* erschien bereits Ende 2005, und auch als Theaterstück wurde der Roman aufgeführt (Uraufführung am Staatstheater Braunschweig

---

17 http://de.wikipedia.org/wiki/Die_Vermessung_der_Welt [Stand: Juni 2012].

am 26. 9. 2008). Eine **Verfilmung** des Romans, für die Kehlmann auch das Drehbuch geschrieben hat (Regie führt Detlev Buck), ist am 25. Oktober 2012 in die deutschen Kinos gekommen.

Deutschsprachige Rezeption

Lob von der Literaturkritik

Bereits gleich nach Erscheinen des Romans reagierte die deutsche Literaturkritik mit Lob, teilweise mit Euphorie auf Kehlmanns Roman. Evelyne Polt-Heinzl attestierte Kehlmann, er sei sehr nahe an seinen Figuren dran und wisse „in jedem Moment, was sie denken, fühlen und sagen“[18]. *Die Vermessung der Welt*, urteilte Sebastian Domsch in der *tageszeitung*, sei ein humorvoller, spannender, geistreicher und lehrreicher Roman. Die Vereinigung der empirischen und der rationalen Vermessung der Welt könne erst der Schriftsteller leisten, indem er in seiner Einbildungskraft eine eigene poetisch begründete Welt schaffe, die die Erklärungsversuche anderer einbeziehe. Deshalb sei dieser Roman die eigentliche Vermessung der Welt.[19]

Kehlmanns Roman als die eigentliche Vermessung der Welt

Für Martin Lüdke in der *Frankfurter Rundschau* war der Roman ein „Geniestreich“ und nicht nur ein schönes, packendes und spannendes, sondern auch ein großes Buch.[20] Hubert Spiegel unterstrich in der *Frankfurter Allgemeinen Zeitung (FAZ)*, dass man mit dem Roman „auf so subtile, intelligente und witzige Weise unterhalten“ werde wie kaum jemals in der deutschsprachigen Literatur.[21] Dennoch gab es auch einige kritische Stimmen. Hubert Winkels schrieb in der Wochenzeitung *DIE ZEIT*, dass man Kehlmann Respekt zollen müsse was die Organisation des reichhaltigen Materials anbelangt.

---

18 Zitiert nach: Zeyringer, S. 79.
19 Vgl. ebd., S. 80.
20 Vgl. ebd.
21 Zitiert nach: ebd.

Und doch fehle es ihm „an literarischem Mut, an Spiellaune, Erfindungsfreude und Gegenwartsbezug“[22]. Hubert Spiegel in der *FAZ* vermisste „das Ungebärdige, Unvernünftige, Überflüssige, Überschießende“ sowie das „Widerständige“[23]. Auf die Rolle der Naturwissenschaften gingen fast alle Kritiker ein. In der *FAZ* fragte Hubert Spiegel:

Fehlende Spiellaune und Erfindungsfreude?

> „Welche Opfer verlangt die Wissenschaft? Warum ist so vielen Genies jedes menschliche Mitgefühl fremd? Was treibt den Forscher wirklich an? Warum sind so viele Söhne genialer Männer die Opfer ihrer Väter? Wo eigentlich liegt der Punkt, an dem das hehre Projekt der Aufklärung in die Entzauberung der Welt umkippte und ihre Bewohner ins Joch von Fortschritt und instrumenteller Vernunft gezwungen wurden?“[24]

Welche Opfer verlangt Wissenschaft?

Im Gespräch mit der FAZ machte Daniel Kehlmann darauf aufmerksam, dass sein Roman gerade auch bei vielen naturwissenschaftlich gebildeten Menschen Anklang finde und überhaupt von vielen Menschen gelesen werde, die sich sonst nicht für Gegenwartsliteratur interessierten. Für den Autor sei ein „Grundirrtum der Medienwelt unserer Tage, dass es für Dinge mit Niveau und Anspruch keine Leser gebe“[25].

Viele Naturwissenschaftler als Leser

Internationale Rezeption

Bereits am Erstverkaufstag der englischsprachigen Ausgabe unter dem Titel *Measuring the World* am 5. 11. 2006 behandelte die Li-

Großes Medieninteresse bereits bei Erscheinen

---

22 Zitiert nach: ebd., S. 81.
23 Zitiert nach: ebd.
24 Zitiert nach: ebd., S. 85.
25 Zitiert nach: ebd., S. 86.

teraturbeilage der *New York Times* den Roman.[26] Der Schriftsteller Tom LeClair bezeichnete Deutschland als ein „wunderbares Land", könne dort doch ein Buch über Alter und Wissenschaft die Bestsellerlisten erobern. LeClair lobte den Witz des Romans, Kehlmanns Einfühlsamkeit bei der Darstellung von Alter und körperlichem Verfall sowie seine literarische Methode, „die es ermöglicht, mit scharfem Blick unterschiedliche Methoden der Weltvermessung zu betrachten, darunter auch seine eigene fiktionale Form"[27]. Verrissen wurde der Roman einzig vom *San Francisco Chronicle:* Aaron Britt sprach dem Roman die Tiefe ab; für ihn mangele es der *Vermessung der Welt* an Substanz.[28] Trotz des Lobes der Kritik wurde *Measuring the World* in den USA mit knapp zwanzigtausend verkauften Exemplaren kein Bestseller.

Kein Bestseller in den USA

Enthusiastische Aufnahme in Großbritannien

Die Europaausgabe des *TIME MAGAZINE* listete zum Jahreswechsel 2006/07 das Buch auf Platz neun seiner Liste der zehn wichtigsten Neuerscheinungen des vergangenen Jahres.[29] Geradezu enthusiastisch wurde Kehlmanns Roman in Großbritannien aufgenommen – einem Land, das für leicht verrückte Forscher berühmt ist.[30] Für Luke Harding, Deutschland-Korrespondent des *Guardian,* war das Buch ein „unwahrscheinlicher Bestseller", der in die deutsche Literatur „Leichtigkeit und Humor" zurückbringe.[31] *Zwei Genies und ein großes Talent* überschrieb Bernard Pivot seinen Artikel im *Journal du dimanche*. Er schrieb, dass Daniel Kehlmann das Talent habe, „klar darzustellen, was kompliziert scheint, spielerisch,

---

26 *Geniuses at Work*. In: *New York Times* vom 5. November 2006. Vgl. Stein, S. 148.
27 Stein, S. 138.
28 Vgl. ebd., S. 138 f.
29 Vgl. ebd.
30 Vgl. ebd., S. 140.
31 *Unlikely bestseller heralds the return of lightness and humour to German literature*. In *Guardian* (London) vom 19. Juli 2006. Zitiert nach: ebd., S. 148.

was ernst sein müsste, lebendig und unverschämt, was unter einer anderen Feder steif und respektvoll wäre.“[32]

Bestseller in Italien

In Italien hielt sich der Roman acht Wochen lang auf der Bestsellerliste des *Corriere della Sera*, und diese Zeitung hob auch die „gleichsam musikalische Weisheit der Komposition“ hervor, die das Buch „in die beste Erzähltradition der deutschen Sprache“ stellen würde.[33] In Italien wurden über fünfzigtausend Exemplare verkauft.[34] In den Niederlanden wurde *Die Vermessung der Welt* sogar in den Regionalzeitungen ausführlich und durchweg lobend besprochen. *De Telegraaf*, das niederländische Pendant zur *Bild-Zeitung*, riet ihren Lesern zur Lektüre dieses „faszinierenden Romans“[35].

Nur wenig Leser in Südamerika

Weniger Erfolg war *La medición del mundo* ausgerechnet in den spanischsprachigen Ländern Südamerikas beschieden, denen Humboldt sich so sehr verbunden fühlte. Trotz der Präsentation des Romans auf den Buchmessen in Bogotá und Buenos Aires wurde der Roman von der südamerikanischen Literaturkritik kaum wahrgenommen, auch in den Buchhandlungen liegt der Roman bis heute nur selten aus.[36]

Rezeption in naturwissenschaftlichen Fachmagazinen

Interessanterweise wurde Kehlmanns Roman auch außerhalb der literarischen Welt, nämlich in den internationalen Fachmagazinen der Naturwissenschaften rezipiert. Diese Zeitschriften, in denen Genauigkeit und Faktentreue naturgemäß eine große Rolle spielen, betrachteten den Roman mit besonderem Interesse, schließlich entzieht sich *Die Vermessung der Welt* in seiner Behandlung wissenschaftlicher Heroen doch programmatisch der Forderung nach

---

32 *Deux génies et un grand talent*. In: *Le journal du dimanche au quotidien* (Paris) vom 25. März 2007. Zitiert nach: ebd., S. 143.

33 Paola Capriolo: *Numeri e viaggi per misurare il mondo*. In: *Corriere della Sera* (Mailand) vom 19. Juni 2006. Zitiert nach: ebd., S. 143.

34 Vgl. ebd.

35 Zitiert nach: ebd., S. 144.

36 Vgl. ebd., S. 145.

Faktentreue. Ken Alder, ein renommierter Wissenschaftspublizist, besprach den Roman für den *American Scientist* und merkte an, „dass Kehlmann eine skrupulöse erfinderische Treue zu seinen Figuren und ihrer Ära einhält.“[37] Zurückhaltender äußerte sich in *Nature,* dem renommiertesten Wissenschaftsmagazin der Welt, John Whitfield: Kehlmanns Professoren

> „sind eher melancholisch als verrückt. (…) Jeder von ihnen lernt, dass kein Grad der Intelligenz oder Vertiefung in die Wissenschaft einem Immunität verleiht oder auch nur irgendwie helfen kann, sobald es ums verwickelte Geschäft von Leben und Tod geht.“[38]

---

37 Zitiert nach: ebd., S. 146.

38 *Opposites attract*. In: *Nature* (New York), Volume 445 vom 15. Februar 2007. Zitiert nach: ebd., S. 147.

5. MATERIALIEN

Kehlmanns Gedanken beim Schreiben des Romans

Daniel Kehlmann schreibt nach dem Besuch der Göttinger Sternwarte, wo sein Romanheld Gauß lange tätig war:

Unerwartete Nähe zu Gauß

„Als ich zum erstenmal die Göttinger Sternwarte betrat, war ich mit meinem Roman *Die Vermessung der Welt* fast fertig. Eine meiner Hauptfiguren hatte hier gelebt und gearbeitet, und ich war überrascht, wie beklommen es mich machte, ihr auf einmal so nahe zu sein. In meinem Buch war der Mann, der diese Räume bewohnt hatte, zwar ein Genie, aber auch ein passionierter Bordellbesucher, ein desinteressierter Familienvater und ein Monstrum an schlechter Laune. Wäre er noch am Leben gewesen, so hätte keine ausgefeilte ästhetische Theorie mich schützen können – nicht vor einer Verleumdungsklage, nicht vor seinem Zorn." [39]

Seine Idee, keinen rein historischen, sondern einen fiktiven Roman zu verfassen, der dem gebrochenen Realismus Rechnung trägt, begründet er folgendermaßen:

Notwendigkeit der Fiktion

„Als ich begann, meinen Roman über Gauß, Humboldt und die quantifizierende Erfassung der Welt zu schreiben, über Aufklärer und Seeungeheuer, über Größe und Komik deutscher Kultur, wurde mir schnell klar, dass ich erfinden musste. Erzählen, das bedeutet, einen Bogen spannen, wo zunächst keiner ist, den Entwicklungen Struktur und Folgerichtigkeit gerade dort verleihen, wo die Wirklichkeit nichts davon bietet – nicht um der Welt den Anschein von

---

39 Kehlmann, *Wo ist Carlos Montúfar?*, S. 9.

Ordnung, sondern um ihrer Abbildung jene Klarheit zu geben, die die Darstellung von Unordnung erst möglich werden lässt."[40]

Der Autor erläutert die für ihn wichtige Einbindung von Fiktion am Beispiel der Besteigung des Chimborazo:

Realität und Fiktion

„Humboldts Bericht von seinem, Bonplands und Montúfars Versuch, am 23. Juli 1802 den Chimborazo zu besteigen, ist eine nüchterne Aufzählung, die scheinbar keine Fragen offen lässt, verfasst im typischen Souveränitätston der Expeditionsbeschreibungen des achtzehnten Jahrhunderts (...). Wer aber die Texte zeitgenössischer Alpinisten liest, erfährt sehr genau, was mit einem Hochgebirgskletterer vorgeht. Einiges davon deutet Humboldt an, vieles verschwieg er. Selbst Leute mit bester Kondition erbrechen ständig, ihnen ist sterbenselend, sie haben Halluzinationen. Versuchen sie, sich in großer Höhe zu unterhalten, lallen sie wie Betrunkene, klar denken können sie nicht, ihre Schleimhäute und sogar Augen bluten. (...) In meinem Roman werden Humboldts und Bonplands Gespräche (wie alle Dialoge darin gefiltert durch die Scheindistanz indirekter Rede) während des Aufstiegs immer wirrer und trunkener und nähern sich erst während des Abstiegs allmählich wieder dem Vernünftigen an. (...) Meine Version des Chimborazo-Berichts sollte ebendies durch ein Hinzutun von bergsteigerischem Realismus sichtbar machen: Weimars Gesandter in Macondo durchläuft gemeinsam mit seinem Assistenten auf dem Rücken des Vulkans Wahnsinn, Übelkeit, Schwindel, Angst und Verwirrung – all das also, dessen Leugnung den Klassiker überhaupt erst definiert."[41]

40 Ebd., S. 14.
41 Ebd., S. 19 f.

Auf die Frage eines Journalisten der *FAZ*, ob Kehlmann eine Erklärung für den Erfolg seines Romans hat, antwortete der Autor:

Erklärung für Erfolg?

„Halb im Scherz könnte ich sagen, *Ich und Kaminski* war eine recht aggressive Satire über die Medienwelt und den Journalismus, und ich habe festgestellt, dass Journalisten und Medienleute das Buch geliebt haben. *Die Vermessung der Welt* ist eine recht aggressive Satire über das Deutschsein, und ich stelle fest, dass ganz Deutschland es liebt. Es scheint wirklich sehr schwer zu sein, sich unbeliebt zu machen. Aber im Ernst: Ich habe überhaupt keine Erklärung für diesen Erfolg des Buches, ich stehe erstaunt und fassungslos vor diesem Phänomen."[42]

In einem *Spiegel*-Interview wurde Kehlmann gefragt, ob er sich durch die Helden seiner Romane als Brückenbauer zwischen Literaten und Naturforschern verstehe. Seine Antwort:

Brückenbauer zwischen Literaten und Naturforschern?

„Ich habe mich immer schon sehr für Naturwissenschaften interessiert und die Abwehrgeste anderer Künstler nie verstanden. Wenn ich in Mathematik besser gewesen wäre, hätte ich wahrscheinlich sogar Physik studiert; aber leider habe ich mich in der Schule zu oft verrechnet. Die spannendsten Abenteuer des menschlichen Geistes finden heute in den Naturwissenschaften statt."[43]

---

42 *„Ich wollte schreiben wie ein verrückt gewordener Historiker".* In: *Frankfurter Allgemeine Zeitung* vom 9. Februar 2006. Zitiert nach: Nickel (Hrsg), S. 30.

43 *„Mein Thema ist das Chaos".* In: *Der Spiegel* vom 5. Dezember 2005. Zitiert nach: Nickel (Hrsg), S. 38.

Kehlmann und die Literaturkritik

Hannes Stein schreibt in seinem Artikel *Die Vermessung des Daniel Kehlmann*, erschienen in *Die Welt* vom 9. November 2007:

Wunderkind Kehlmann?

„Dieser Schriftsteller ist in den Zeitungen jetzt schon so häufig als Wunderkind beschrieben worden, dass man keine Lust mehr hat, dieses abgenutzte Wort zu verwenden. Halten wir uns an die Fakten: Kehlmann ist jetzt 32. Als sein Debüt, *Beerholms Vorstellung*, erschien, war er gerade mal 22 Jahre alt und studierte noch. Übrigens ging über diesem Debütroman keineswegs die Sonne der Begeisterung auf, stattdessen verdunkelten Gewitterwolken den Himmel der Literaturkritik, und es hagelte Einwände: Zu gut gemacht, hieß es, zu routiniert, eher Handwerk als Kunst. Es ist eben eine gewisse Überforderung, wenn da so ein junger Mensch, hoppla, auf die Bühne der Literatur springt und einen überzeugend konstruierten Plot vorweisen kann. (...) Mittlerweile – seit *Mahlers Zeit* (1999) spätestens seit *Ich und Kaminski* (2003) – ist der Schock einigermaßen überwunden."[44]

44 http://www.welt.de/welt_print/article1345631/Die-Vermessung-des-Daniel-Kehlmann.html [Stand: Juni 2012].

6. PRÜFUNGSAUFGABEN MIT MUSTERLÖSUNGEN

Unter www.königserläuterungen.de/download finden Sie im Internet zwei weitere Aufgaben mit Musterlösungen.

Die Zahl der Sternchen bezeichnet das Anforderungsniveau der jeweiligen Aufgabe.

Aufgabe 1 *

„Dann erst bemerkte er [Humboldt] den Drachenbaum. / (…) Er war dagewesen vor Christus und Buddha, Platon und Tamerlan. Humboldt horchte an seiner Uhr. Wie sie, tickend, die Zeit in sich trug. So wehrte dieser Baum die Zeit ab: eine Klippe, an der ihr Fluss sich brach." (S. 47) Diese Beobachtungen macht Humboldt auf seiner Reise nach Südamerika bei einem Zwischenstopp auf Teneriffa. Erläutern Sie die Bedeutung des Drachenbaums im Kontext des Romans.

Mögliche Lösung in knapper Fassung:

EINLEITUNG

Die Baumsymbolik ist von großer Bedeutung für die Charakterisierung und das Verständnis der beiden Romanfiguren Alexander von Humboldt und Eugen Gauß, den Sohn des Mathematikers, die beide Bekanntschaft mit dem Drachenbaum machen, sowie für die Struktur des Romans insgesamt.

ERLÄUTERUNG

Vergänglichkeit – das allmähliche Altern der Romanhelden und die damit direkt verbundene Tragik – ist ein wichtiges Thema, mit dem Kehlmann sich in seinem Roman auseinandersetzt. Ganz im Gegensatz zum unaufhaltsamen Prozess des Alterns, dem sich auch

Genies wie Gauß und Humboldt nicht entziehen können, symbolisiert der Baum in Kehlmanns Roman Beständigkeit. Humboldt stellt bei seiner Begegnung mit dem Drachenbaum fest: „Alles starb, alle Menschen, alle Tiere, immerzu. Nur einer nicht." (S. 47) Der „Fluss" als Symbol der fortschreitenden Zeit, „bricht" an der „Klippe". Der Baum lässt sich nicht mit der Zeit mitreißen, ihm kann die Zeit nichts anhaben. Er steht für die Ewigkeit. Das fasziniert Humboldt und scheint seinem Wunschdenken zu entsprechen, denn „zärtlich strich er über die Rinde. (...) Er legte seine Wange ans Holz". Er wünscht sich, die Zeit für einen Moment aufhalten zu können, aber die Wirklichkeit holt ihn schnell wieder ein. Er reagiert darauf sehr emotional, was für Humboldt als Wissenschaftler und rational denkendem Menschen der Aufklärung und Klassik eher ungewöhnlich ist: „dann wich er zurück und sah erschrocken um sich, ob ihn jemand gesehen hatte. Schnell wischte er die Tränen weg (...)" (alle S. 47 f.).

Baumsymbolik im Erzählprozess

Das von Kehlmann am Anfang der Südamerikareise eingeführte Baumsymbol weckt auch am Ende des Romans Assoziationen. Eugen Gauß, zeit seines Lebens von seinem berühmten Vater erniedrigt, gedemütigt und für wenig klug gehalten, schafft es während seiner Inhaftierung in Berlin (aufgrund seiner Teilnahme an einer verbotenen politischen Versammlung), sich von seinem Vater zu emanzipieren. Er ist erwachsen geworden, trägt einen „Bart" und raucht „Pfeife". Als er in die Verbannung nach Amerika geschickt wird, holt ihn – ohne dass er dies selbst weiß – die Vergangenheit kurz ein, als das Schiff während eines Sturms einen Zwischenstopp auf Teneriffa einlegen muss. Eugen ist, wie Humboldt auch, von dem Drachenbaum fasziniert: Er „lehnte sich an den Stamm und schloss die Augen. (...) er habe für einen Moment geglaubt, ein anderer zu sein oder niemand, es sei ein solch angenehmer Ort." (S. 301) War es einst Humboldt auf dem Weg in eine neue Welt, die es in Südamerika zu entdecken galt, so ist es jetzt Eugen, der in die Freiheit und zu neuen Ufern nach Amerika aufbricht, um dort sein neues Leben zu beginnen.

FAZIT

Die Baumsymbolik am Anfang des Romans bildet hier eine Klammer um den Erzählvorgang. Der Baum ist unverrückbar und liefert keine Anzeichen von Vergänglichkeit. Humboldt und Eugen Gauß machen mit ihm zu unterschiedlichen Zeiten in ihren Lebensbiografien Bekanntschaft und setzen danach ihr vergängliches Leben fort. Darüber hinaus ist der Baum ein Zeitzeuge vieler vergangener Ereignisse: „Seine Rinde war narbig und rauh, weit oben fächerte sich der Stamm in einen Busch von Ästen auf." (S. 301)

Aufgabe 2 **

Interpretieren Sie die folgende Passage: „Bei der Gelegenheit: Er [Graf von der Ohe zur Ohe] habe gehört, der Herr Geodät wolle ihm etwas sagen. / Bitte? / Es sei schon eine Weile her. Beschwerden, Ärgernisse. Eine Anklage sogar. / Gauß rieb sich die Stirn. Ihm wurde allmählich heiß. Er hatte keine Ahnung, wovon dieser Mensch sprach." (S. 189)

Mögliche Lösung in knapper Fassung:

EINLEITUNG

Das Zeitalter der Weimarer Klassik war geprägt von Vernunftdenken, dem Ideal eines selbstbestimmten Lebens und Handelns nach eigenen Überzeugungen und dem Streben nach Erkenntnis. Aberglaube, der Glaube an Übersinnliches, war ein Widerspruch zum vernunftbegabten Wesen, das im Mittelpunkt des neuen Weltbildes stand.

INTERPRETATION

Die zitierte Textstelle bezieht sich auf einen Besuch Gauß' beim Grafen von der Ohe zur Ohe. In seiner Eigenschaft als Landvermesser gelangt der Mathematiker eines Tages zu einem Herrenhaus, mit dessen Besitzer er über den Verkauf eines Schuppens und dreier Bäume verhandeln will, um seinen weiteren Vermessungen nachgehen zu können. Zwischen den beiden entwickelt sich jedoch ein Gespräch, in dessen Verlauf es Gauß schnell unbehaglich wird. Gauß wird „heiß", als er mit dem Wissen des Grafen konfrontiert wird, das dieser gar nicht haben kann. Die Textstelle weckt eine Assoziation zu früheren Überlegungen von Gauß: „Er dachte ans Jüngste Gericht. Er glaubte nicht, dass so etwas veranstaltet werden würde. Angeklagte konnten sich verteidigen, manche Gegenfragen würden Gott nicht angenehm sein. Insekten, Dreck, Schmerz. Das Unzureichende in allem. Selbst bei Raum und Zeit war geschlampt worden. Falls man ihn vor Gericht stellte, gedachte er, ein paar Dinge zur Sprache zu bringen." (S. 99)

Gauß wehrt sich gegen Metaphysisches. Er bezieht es gar nicht erst in seine Überlegungen ein und vermeidet es schlichtweg, weiter darüber nachzudenken. „Er hatte keine Ahnung, wovon dieser Mann sprach." (S. 189) Als das Gespräch beendet ist und der Diener ihn hinausbegleitet, atmet Gauß tief ein. „Er war erleichtert, dass er hinaus war." (S. 190) Um sich über das vom Grafen Gesagte keine weiteren Gedanken machen zu müssen, bezeichnet er diesen schlichtweg als „Verrückten".

Der Graf ist in Kehlmanns Roman als Personifizierung Gottes angelegt. Er ist allwissend, was Gauß betrifft, und irritiert ihn schon zu Anfang des Gesprächs, als Gauß sich aus Zeitgründen schnell wieder verabschieden möchte. „Er müsse weiter, seine Zeit sei knapp! / So knapp wohl auch nicht, sagte der Graf. Wenn man Verfasser der *Disquisitiones Arithmeticae* sei, so müsse man es eigentlich nie wieder eilig haben. / Gauß sah den Grafen verblüfft an." (S. 188) Für Kehlmann selbst ist der Graf: „Erstens, die einzige Person im Roman, die Gauß intellektuell überlegen ist. Zweitens: Ja, manches deutet darauf hin, dass er der ist, an den Gauß so lange schon einige

Fragen richten wollte. Ihm wird die Audienz gewährt, die Menschen normalerweise nicht gewährt wird. Die Audienz, die er sich so lange schon gewünscht hat. Aber wie das Leben so spielt, er bemerkt es nicht."[45]

An vielen weiteren Stellen begegnen wir in Kehlmanns Roman Metaphysischem. So macht auch Humboldt immer wieder Bekanntschaft mit Dingen, die sich nicht in sein vernunftorientiertes Weltbild einordnen lassen. So begegnen ihm auf der Überfahrt ein Seeungeheuer (vgl. S. 45) und in der Höhle der Toten seine verstorbene Mutter (vgl. S. 74). Humboldt blendet diese Erlebnisse umgehend aus, um sein Weltbild nicht in Frage zu stellen, ebenso wie Gerüchte über sprechende Fische und Zwerghunde mit Flügeln (vgl. S. 107), von denen seine südamerikanischen Ruderer berichten.

FAZIT

Kehlmann möchte uns mit dem Metaphysischen, Über-Sinnlichen in seinem Roman verdeutlichen, dass es im Leben Dinge gibt, die zwar nicht rational erklärbar sind, aber trotzdem einen Platz in der Welt haben und nicht einfach ignoriert werden können. Viele Dinge bemerken wir nicht oder wollen sie nicht wahrhaben. Im Alter merkt Gauß an, dass man die Welt, trotzdem sie notdürftig berechenbar sei, nicht bis ins letzte Detail verstehen könne (vgl. S. 220). Und für den alt gewordenen Humboldt ist der Forscher eben kein Schöpfer (vgl. S. 291). Beide Protagonisten scheinen somit weiser geworden zu sein.

45 Kehlmann, *Diese sehr ernsten Scherze*, S. 34 .

Aufgabe 3 ***

a) Beurteilen Sie das Verhältnis zwischen Gauß und seiner Mutter im Roman, ausgehend von folgender Passage: „Er war gefallen, sie tröstete ihn; er weinte, sie wischte die Tränen weg; er konnte nicht schlafen, sie sang ihm vor" (S. 53).
b) Welche emotionalen Empfindungen prägen Gauß, wenn er sieht, wie seine Mutter langsam altert?
c) Beurteilen Sie den Kontrast zwischen Wissenschaft und Erkenntnis einerseits und Vergänglichkeit und Tod andererseits am Beispiel von Gauß und seiner Mutter.

Mögliche Lösung in knapper Fassung:

EINLEITUNG

Gauß Verhältnis zu seiner Mutter ist zeitlebens von gegenseitiger Achtung und gegenseitigem Vertrauen geprägt. Die Beziehung ist sehr innig und stark emotional geprägt.

INTERPRETATION

a) Die Textpassage verdeutlicht die starke innere Zuneigung, die beide füreinander empfinden. Als Kind lässt sich Gauß von seiner Mutter in Situationen trösten, in denen er sie einfach braucht, und sie ist sogleich zur Stelle, um ihrer Mutterrolle gerecht zu werden. Auch an anderer Stelle im Roman wird diese Fürsorglichkeit gegenüber ihrem Sohn deutlich. Als seine außerordentlicher intellektuelle Begabung in der Schule auffällt, sorgt sie sich um sein Wohlergehen, als sie Bartels zur Seite nimmt und ihn fragt, ob ihr Sohn auf der Universität denn eine Zukunft habe (vgl. S. 85): „Als Mutter mache man sich eben immer Sorgen." (S. 85) Auch im Laufe seinen weiteren Lebens bleibt das innige, emotional geprägte Verhältnis zwischen beiden bestehen, und Gauß kann es kaum ertragen, dass seine Mutter nicht bei ihm ist. Als er in Göttingen während seines Studiums erkrankt, fehlt ihm seine Mutter sehr, und er bedauert es sogar, nach Göttingen gegangen zu sein, während seine Mutter „drüben" in Braunschweig wohnt (vgl. S. 83). Aber auch in Krisenzeiten ist sie für ihn eine starke moralische Unterstützung. Nach dem plötzlichen Tod seiner ersten Frau und auch insbesondere vor wichtigen Ereignissen ist es seine Mutter, die ihn beruhigt (vgl. S. 162) und z. B. noch als uralte Frau ihren längst selbst alt gewordenen Sohn kurz vor der Abfahrt zum Deutschen Naturforscherkongress in die Wange kneift und fragt, „wo denn ihr tapferer Junge sei" (S. 8). Aufgrund dieser tiefen gegenseitigen Zuneigung stört es Gauß auch wenig, dass seine Mutter intellektuell anderen Menschen unterlegen ist und sie weder lesen noch schreiben kann und dass er sie „außer Kochen, Waschen, Träumen und Weinen" nie etwas tun sah. (S. 54)

b) Es berührt Gauß emotional sehr, dass er mit ansehen muss, wie die Augen seiner Mutter immer weniger Glanz haben, wie ihre Haut an Spannung verliert und sich jedes Jahr auf ihrem Gesicht neue Falten bilden (vgl. S. 54). Dieser eigenen Machtlosigkeit angesichts des Alterns und Vergehens der Zeit steht Gauß hilflos gegenüber. Es ist für ihn kaum zu ertragen, dass er zusehen muss, wie der von ihm über alles geliebte Mensch altert (vgl. S. 54).

Als Kind geht Gauß in seiner Liebe zu seiner Mutter sogar so weit, dass er für sie sterben würde, „stieße ihr etwas zu" (S. 53), weil sie von Kindheit an seine wichtigste Bezugsperson ist, die er so unsagbar liebt.

c) Gauß gelangt im Zeitalter der Weimarer Klassik aufgrund seiner Forschungen zu immer neuen bahnbrechenden Erkenntnissen. Im Gegensatz dazu entzieht sich der Tod jedoch seiner Erkenntnis und ist rational nicht erklärbar. Er muss erkennen, dass er machtlos ist, sowohl gegenüber dem eigenen, unausweichlich bevorstehenden Schicksal in späteren Jahren, als auch beim bevorstehenden Tod seiner geliebten Mutter. Der Tod lässt sich nicht aufhalten, der allmähliche Niedergang schreitet unaufhaltsam voran und ist geprägt vom Nachlassen geistiger Fähigkeiten und dem Verfall des eigenen Körpers.

Mit dem Voranschreiten der Zeit geht jedoch zugleich der Fortschritt der Wissenschaft mit immer neueren Entdeckungen und Entwicklungen einher, auf die der Mensch seine Hoffnungen setzen kann.

Aufgabe 4 **

a) Erläutern Sie anhand der folgenden Textpassage den im Roman vorkommenden Grundton der Komik als ein Stilmittel Kehlmanns: „Im September 1828 verließ der größte Mathematiker des Landes zum ersten Mal seit Jahren seine Heimatstadt, um am Deutschen Naturforscherkongress in Berlin teilzunehmen. Selbstverständlich wollte er nicht dorthin." (S. 7)
b) Geben Sie weitere Beispiele für den Einsatz des Stilmittels Komik in Kehlmanns Roman und erläutern Sie diese.

Mögliche Lösung in knapper Fassung:

ERLÄUTERUNG

a) Die Textpassage löst gleich zu Beginn des Romans beim Leser Heiterkeit aus. Er wird von dem Verhalten des Mathematikers überrascht und vermutet „selbstverständlich", dass es eine besondere Ehre für einen so bedeutenden Wissenschaftler sein muss, an diesem Kongress teilzunehmen, stellt eine solche Einladung doch eine hohe Auszeichnung und Ehre dar. Damit fesselt Kehlmann den Leser schon von der ersten Seite an und macht ihn neugierig auf die weiteren Ereignisse im Laufe des Romans. Es ist der unerwartete Kontrast zwischen Gauß' Status und Bedeutung als genialer

Wissenschaftler und seinem abweichenden, mitunter kindischen Verhalten, der ihn trotz seiner Genialität menschlicher macht.

b) Die negative und kindliche Haltung von Gauß selbst in seinen späteren Jahren wirkt geradezu grotesk, als er „grimmig und notdürftig gewaschen" die Treppe hinuntergeht (vgl. S. 7). Oder als Minna ihn auffordert aufzustehen und er sich ans Kissen klammert und versucht, seine Frau zum Verschwinden zu bringen, indem er die Augen schließt (vgl. S. 7).

Diese Komik wendet Kehlmann nicht nur auf bestimmte Situationen an, sondern oft auch in Verbindung mit Gestik. „Ein Deutscher, sagte er [Gauß Vater] immer wieder, während er müde die abendliche Kartoffelsuppe aß, ist jemand, der nie krumm sitze. Einmal fragte Gauß: Nur das? Reiche das denn schon, um ein Deutscher zu sein? Sein Vater überlegte so lange, dass man es kaum mehr glauben konnte. Dann nickte er." (S. 53 f.). Auch an dieser Stelle erwartet der Leser nach der langen Pause des Nachdenkens vom Vater eine andere, weitaus ausführlichere Antwort als ein bloßes Kopfnicken. Aber auch der Humor selbst wird von Kehlmann in einem ironisch-komischen Grundton behandelt. Als Bonpland den spanischen Eroberer Lope de Aguirre in einem Gespräch mit Humboldt als ersten Erforscher des Orinoko bezeichnet, antwortet ihm Humboldt: „Dieser traurige Mann habe gar nichts erforscht. (...) Ebenso wenig erforsche ein Vogel die Luft oder ein Fisch das Wasser. / Oder ein Deutscher den Humor, sagte Bonpland. / Humboldt sah ihn mit gerunzelten Brauen an. / Nur ein Witz, sagte Bonpland. / Aber ein ungerechter. Ein Preuße könne sehr wohl lachen. In Preußen werde viel gelacht." (S. 111) Diese Textstelle kann als Anspielung auf das emotionslose Verhalten Humboldts Bonpland gegenüber gedeutet werden, zugleich verweist es auf nationale Vorurteile wie das vom humorlosen Preußen. Verstärkt wird die Komik an dieser Stelle noch dadurch, dass Humboldt sich durch den Scherz verletzt fühlt und beginnt, sich zu verteidigen° womit seine Humorlosigkeit erst recht offensichtlich wird. Zusammenfassend lässt sich festhalten, dass das Stilmittel der Komik in Kehlmanns Roman den Leser an vielen Stellen schmunzeln lässt, um dem Roman einen gewissen Unterhaltungswert zu verleihen, aber auch zum Nachdenken über das Verhältnis von Genialität und Menschlichkeit anzuregen.

LITERATUR

Zitierte Ausgabe:

Kehlmann, Daniel: *Die Vermessung der Welt. Roman.* Hamburg: Rowohlt Taschenbuch Verlag, 22. Aufl. 2011

Weitere Primärliteratur:

Kehlmann, Daniel: *Wo ist Carlos Montúfar? Über Bücher.* Hamburg: Rowohlt Taschenbuch Verlag, 3. Aufl. 2010

Kehlmann, Daniel: *Diese sehr ernsten Scherze. Poetikvorlesungen.* Wallstein Verlag, 4. Aufl. 2011

Sekundärliteratur:

Fröschle, Ulrich: *„Wurst und Sterne" Das Altern der Hochbegabten in „Vermessung der Welt".* In: Gunther Nickel (Hrsg.): Daniel Kehlmanns „Die Vermessung der Welt". Reinbek bei Hamburg: Rowohlt Taschenbuch Verlag, 3. Aufl. 2009, S. 186–197

„Ich wollte schreiben wie ein verrückt gewordener Historiker". Ein Gespräch mit Daniel Kehlmann in der Frankfurter Allgemeinen Zeitung, 9. Februar 2006. In: Gunther Nickel (Hrsg.): Daniel Kehlmanns „Die Vermessung der Welt". Reinbek bei Hamburg: Rowohlt Taschenbuch Verlag, 3. Aufl. 2009, S. 26–35

„Mein Thema ist das Chaos". Ein Gespräch mit Daniel Kehlmann in Der Spiegel, 5. Dezember 2005. In: Gunther Nickel (Hrsg.): Daniel Kehlmanns „Die Vermessung der Welt". Reinbek bei Hamburg: Rowohlt Taschenbuch Verlag, 3. Aufl. 2009, S. 36–46

Nickel, Gunther (Hrsg.): *Daniel Kehlmanns „Die Vermessung der Welt", Materialien, Dokumente, Interpretationen.* Reinbek bei Hamburg: Rowohlt Taschenbuch Verlag, 3. Aufl. 2009

Stein, Julia: *„Germans and humor in the same book". Die internationale Rezeption der „Vermessung der Welt".* In: Gunther

Nickel (Hrsg.): Daniel Kehlmanns „Die Vermessung der Welt". Reinbek bei Hamburg: Rowohlt Taschenbuch Verlag, 3. Aufl. 2009, S. 136–150

Zeyringer, Klaus: *Vermessen. Zur deutschsprachigen Rezeption der „Vermessung der Welt"* . In: Gunther Nickel (Hrsg.): Daniel Kehlmanns „Die Vermessung der Welt". Reinbek bei Hamburg: Rowohlt Taschenbuch Verlag, 3. Aufl. 2009, S. 78–94

Internetadressen:

http://www.welt.de/kultur/arrticlw1236923/WELT_literaturpreis_geht_an_Daniel_Kehlmann.html [Stand: 12. 6. 2012]
→ Artikel zur Preisvergabe in *Die Welt*

http://www.news.de/medien/855065828/der-starautor-packt-aus/1/ [Stand: 12. 6. 2012]
→ Rezension zu *Lob. Über Literatur* (2009)

http://de.wikipedia.org/wiki/Die_Vermessung_der_Welt [Stand: 12. 6. 2012]
→ Lexikonartikel über den Roman bei Wikipedia

http://www.welt.de/welt_print/article1345631/Die-Vermessung-des-Daniel-Kehlmann.html [Stand: 12. 6. 2012]
→ Kehlmann-Porträt von Hannes Stein in *Die Welt* erschien am 09.11.2007.

Verfilmungen:

Die Vermessung der Welt.
Regie: Detlev Buck, Drehbuchadaption: Daniel Kehlmann. Produktion GmbH: Deutschland 2012

Theaterstück:

Die Vermessung der Welt.

Premiere am 26. 9. 2008 am Staatstheater Braunschweig.

Die Vermessung der Welt

Premiere am 26. 9. 2009 am Deutschen Theater Göttingen.
Inszenierung von Mark Zurmühle.

STICHWORTVERZEICHNIS